苏州工艺美术职业技术学院2014年度教育教学研究招标课题研究成果（立项编号：zblx201405）
第二批江苏省高校优秀中青年教师和校长境外研修成果

主题博物馆展陈设计

丁俊　编著

西安交通大学出版社
XI'AN JIAOTONG UNIVERSITY PRESS

内容提要

结合多年来室内设计专业教学和在展示设计公司多年的从业经验以及在美国研究博物馆设计的经历，重点介绍博物馆展示设计的基本流程与操作方式。同时结合实际教学设计，以一个战争博物馆作为具体案例分析相关主题类博物馆的设计思路和过程，按照过程节点对教学进行控制。全书以实际案例为基本依据，穿插国内实际案例和国外成熟的案例分析。其中大部分图片均是笔者在实地进行考察所拍摄，用以分析说明书中所阐述的理念和手法。

该书可作为各类院校艺术类相关专业的教材，也可作为相关专业技术人员的参考用书。

前言
Foreword

编写这套教材有几个目的。其一，相关专业教学需要相对应的专题教材。基于自身在学校进行主题式专业教学改革的需要，急需要一本既能结合实践又能指导教学的一本实用的手册。尤其是近年来在本校进行的艺术设计主题教学的情境下，诞生了大设计、跨学科的教学需求，这与主题博物馆展陈设计需要多专业协调的基本现实产生了直接对应。希望理论与实践相结合的系统总结能够最终回归课堂与主题教学进行衔接。

其二，主题博物馆展陈设计实践需要关联的指导手册。在公司多年的设计实践，深感理论体系薄弱，而大量的设计经验也需要加以总结、归纳和提升。希望在总结以及研究的过程之中，通过设计实践获得的感性认知能够得到进一步的升华。正是基于这样的背景，所以根据自身在公司几年来所从事的主题类博物馆展陈设计的基本经验进行梳理。

其三，相关教材比较欠缺。目前关于展陈的教材比较多，但是大都是关于商业性的临展或特装展位，或者是专卖店或橱窗设计。而室内设计教材则对博物馆展陈设计没有涉及。但是主题博物馆是目前大量存在的工程项目，它也有别于传统学术类的文物陈列式博物馆。主题博物馆涵盖范围广、涉及到的专业知识大而全，对策展人以及展陈设计师具有较高的专业要求。尤其是目前互动多媒体技术日新月异，加上公众对于互动参与、情境体验等要求的提升，这些都对主题博物馆的策展与展陈设计提出了更高的要求。

编者

2015 年 12 月

前言
Foreword

目 录
Contents

第一章　博物馆概论 ·· (001)
 一、概念 ··· (001)
 二、分类 ··· (001)
  （一）纪念馆 ·· (002)
  （二）学术类博物馆 ·· (004)
  （三）主题类博物馆 ·· (005)
  （四）专门展览馆 ··· (007)
 三、历史 ··· (009)
  （一）博物馆的发端 ·· (009)
  （二）中国博物馆历史 ··· (013)

第二章　策划设计 ·· (017)
 一、策划设计的重要性 ·· (017)
  （一）行业特性 ·· (017)
  （二）客观需要 ·· (018)
  （三）主观需要 ·· (018)
 二、策划设计师的基本素养 ·· (018)
  （一）复合型人才 ··· (018)
  （二）知识型人才 ··· (018)
  （三）学习型人才 ··· (019)
 三、策划设计方法与流程 ··· (019)
  （一）基本方法 ·· (019)
  （二）操作流程 ·· (020)
 四、案例分析 ··· (022)

第三章　展陈设计 ·· (032)
 一、设计理念 ··· (032)
  （一）主题性博物馆的核心本质在于沉浸体验的营造 ······································ (032)
  （二）主题性博物馆的良好设计需要撇清专业认知误区 ··································· (033)
  （三）营造沉浸体验的基本方式 ·· (036)
 二、设计策略 ··· (040)
  （一）综合运营 ·· (040)
  （二）真实设计 ·· (041)
  （三）图形语言 ·· (042)
  （四）灵活空间 ·· (043)
  （五）舞台式影院 ··· (046)

三、设计要素 ·· (048)
   (一)空间布局 ·· (048)
   (二)艺术氛围 ·· (049)
   (三)色彩运用 ·· (051)
   (四)多媒体技术 ·· (054)

四、设计流程 ·· (056)
   (一)前期策划 ·· (057)
   (二)概念设计 ·· (057)
   (三)设计深化 ·· (059)
   (四)施工布展 ·· (061)

五、设计范围 ·· (062)

第四章　运营设计 ·· (063)
  一、博物馆推广 ·· (063)
  二、博物馆营收 ·· (065)
  三、场馆维护 ·· (070)
  四、场馆管理 ·· (072)

第五章　博物馆展陈设计课程 ··· (074)
  一、课程设计 ·· (074)
  二、课程案例 ·· (074)
    (一)911纪念馆 ·· (074)
    (二)新闻博物馆 ·· (077)
  三、课程知识点 ·· (080)
    (一)博物馆室内展陈设计的兴起 ·· (080)
    (二)主题类博物馆 ·· (081)
  四、实践程序 ·· (086)
    (一)任务一　前期调研(16课时) ··· (086)
    (二)任务二　展陈策划(16课时) ··· (087)
    (三)任务三　案例分析(16课时) ··· (088)
    (四)任务四　概念提取(8课时) ·· (089)
    (五)任务五　设计分析(8课时) ·· (089)
    (六)任务六　空间规划(32课时) ··· (091)
    (七)任务七　空间立面(16课时) ··· (092)
    (八)任务八　空间设计(32课时) ··· (093)
    (九)任务九　设计表达(16课时) ··· (094)
  五、课程作业 ·· (097)

参考文献 ··· (098)
图片索引 ··· (099)
学习网站 ··· (100)
附录1 ·· (101)
附录2 ·· (102)
后记 ·· (104)

第一章 博物馆概论

一、概念

根据2007年国际博物馆委员会在奥地利维也纳召开的第21届全体会议上通过的条例："博物馆是一种非赢利、永久性服务于社会及其发展的机构，它面向公众开放，基于教育、学习和乐趣而获取、保存、研究、传达以及展示人类的物质和非物质文化遗产及其环境。"[①]这个定义可以作为国际上博物馆设计和运营的基本参照。基于这样的目标与定义，在展陈设计上可以体现博物馆开放性、教育性、学习性和趣味性的氛围，同时应该满足博物馆自身的保存、研究以及展示的需求。

博物馆所保存和展示的遗产的丰富性及其近年来所展现的创造性与活力是当今博物馆机构的力量所在。创造力是博物馆勃兴和观众发展的必要因素，而如何协调博物馆藏品保护的传统使命与其创新发展的关系正是博物馆正在尝试的改革。我们坚信，博物馆的存在和行动将使社会产生建设性的变革。正如国际博协总干事朱利安·安弗伦斯所言："博物馆坚信自己的存在和行动可以以建设性的方式改变社会"。因此，将"保护"这一传统使命与培育创造力相结合以实现博物馆的更新和观众数量的增长，是当今博物馆的追求。

据《经济学人》2013年第十二期报道，中国博物馆协会统计的数据显示，1949年，中国仅有25个博物馆，2012年，这个数字就已经达到3866个。中国目前由宣传软实力和注重文化建设所带来的博物馆热也对博物馆展陈设计提出了挑战。

二、分类

博物馆展示设计主要以长期性为主，多为历史沿革、地方志等，根本目的是使观众在有限的时空中最有效的接收有关信息。从真正意义的博物馆出现到现在大概200年的时间，20世纪90年代初，国际博物馆协会才正式确认"博物馆是一个以研究、教育和观赏为目的，通过对人类及其生存环境的相关物品进行搜集、保存、研究、传播和展览来为社会和社会发展服务的，向公众开放的非营利性永久机构"。

博物馆展示设计既有所有展示设计所需具备的一般共性特征，也有自身的艺术个性。除了要满足良好的陈列空间和展示环境，最佳的陈列方式和展示形象之外，博物馆设计更应该注重设计的独创性。博物馆既是展品表现的舞台，也是博物馆与观众沟通的场所，人们去博物馆除了接受教育、受到启迪、了解往事、感受文化之外，他们意欲被艺术和工艺品吸引，获得美的享受。近十几年来，世界各国的许多文化性的展示都呈现出高投入、长期化的趋势，一些世界著名的博物馆都体现出这一点。如纽约大都会艺术博物馆（Metropolitan Museum of Art），是目前西半球最大的博物馆。虽然传统的古典主义建筑中规中矩，但展出内容却丰富多彩，不惜巨资把整座的2460年前的埃及神庙移置在馆内专建的大厅中，令人叹为观止。该博物馆投入

---

① http://icom.museum/国际博物馆委员会官方网站

大量人力物力,运用最新科技成果,使展示成为一种融尖端科技和密集信息的艺术性的文化活动(见图1-1、图1-2)。

图1-1 纽约大都会博物馆/美国

图1-2 纽约大都会博物馆/美国

博物馆从不同研究角度和不同划分标准出发,有不同的划分类型。现代博物馆种类繁多,以至千奇百怪,有多种分类方法,很难确定。至今为止,世界的博物馆分类还尚未确定。根据展示的内容,它一般可以分为通史性博物馆、主题陈列博物馆、画廊展示等。还可以根据展陈方式分为纪念馆、学术性博物馆、主题博物馆以及专门展览馆等。本章根据第二种方式进行分类说明,这也是目前在博物馆展陈设计行业较为常见的一种分类方式。

(一)纪念馆

纪念馆展出的内容是纪念名人、英雄的事迹和历史上发生的重大事件等,一般规模比较大,室内空间也要求比较宽阔。设计时要将真实性寓于历史时代特征之中,这样的纪念馆才会有生命力。如位于纽约的犹太人遗产博物馆(见图1-3),通过低沉的氛围、震撼人心的大量图文及实物资料真实还原了犹太人所遭受的巨大苦难。

如位于洛杉矶"小东京"附近的日裔美国人纪念馆(见图1-4),真实反映了日裔美国人在美国这片土地上经历的从艰难移民到奋斗成长以及在二战期间所受到的种种不公平待遇等历史和事件。门厅空间堆砌大量行李箱,呼应开篇介绍当年日本人移民美国的事实,同时也象征日本移民得艰辛。博物馆内部展陈通过大量的资料还原历史细节,空间处理宽敞简洁,结合丰富的展面将信息直观地呈现给来访观众,给人留下深刻印象。而位于莫斯科的犹太人博物馆也是一个优秀的纪念性博物馆案例(见图1-5),由世界著名的来自美国的RAA展示设计公司设计,以开阔的空间,完整的展现了犹太人在欧洲遭受的迫害。

图1-3 纽约犹太人遗产博物馆/美国

图1-4 洛杉矶日裔美国人博物馆/美国

图1-5 莫斯科的犹太人博物馆/俄国

(二)学术类博物馆

传统学术类博物馆一般注重知识传递的严肃性和有效性,注重对于展品和文物的陈列,在展示方式上一般比较严谨,对文物展柜要求较高。场景也是为了准确传递展示信息服务。很多传统学术类的博物馆都存在单向传递知识和严肃说教的倾向,但是基于保存、研究、教育等功能的需要也适合以这样的方式进行展陈。图1-6、图1-7、图1-8所示为杭州良渚博物馆。该博物馆结合中国传统院落式布局方式安排展陈空间,其基本展陈结合文物、场景、展面丰富而多元的呈现了良渚文化,具有较好的展陈效果。

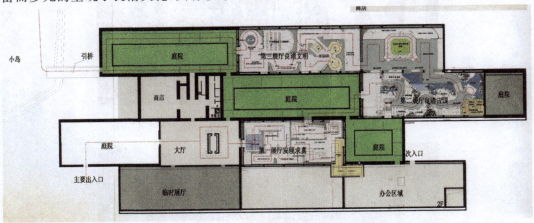

图1-6 杭州良渚博物馆平面布置/中国

图1-7 杭州良渚博物馆/中国

图 1-8　杭州良渚博物馆/中国

(三)主题类博物馆

主题类博物馆涵盖的范围较为宽泛,从单一事件到系列事件,从某个学科到综合领域都可以归纳为主题类博物馆。主题类博物馆展陈设计往往注重展陈的体验性。并不像传统学术类博物馆那样中规中矩,对文物的要求也不一定那么高,展陈的方式也更加灵活。图 1-9 至图 1-12 为不同类型的主题类博物馆。

图 1-9　纽约华人博物馆/美国

图1-10 杭州西溪湿地博物馆/中国

图1-11 纽约摩天大楼博物馆/美国

图 1-12　约克郡巧克力博物馆/英国

(四)专门展览馆

专门展览馆一般多为成就展,比如工业和农业产品、新科技、新技术成就等,所以一般比较常见的就是科技展览馆。当然,还有文化、艺术等内容为主的展示设计,所以展览馆在设计的时候要应不同内容的要求作不同的处理。如作为现代科学技术与公众对话的桥梁的科技展览馆,科技的兴起使科技展览馆从传统博物馆体系中分离出来并迅速发展,展示内容已经从收藏自然发现的标本和技术发明的产品等逐渐转变成以教育为目的的互动性展品,它被定义为"通过能引起感官情绪和理智兴趣的展览,解释科学的发展,并引导观众参与科学与工程技术活动(激发智力)的全新的学习场所"。作为科普的有效载体,它更加强调科技信息传达全程的策划,更加关注科技信息传达的实际效果,是以高效、准确、生动地传达科技信息为目的的一种综合的、多维的、时间与空间并行的媒介组织与艺术设计。

另外,由于科技所涉及的领域相当广,工业、农业的基础科技和高精尖的新型科技在不同的阶段都有不同的风貌,而且展品在规格尺度上也有很大的差异,这就不仅要求展馆有足够的空间容量,也要根据不同的风格要求来进行展示设计。图 1-13 至图 1-16 所示为不同的专门展览馆。

图1-13 台州规划馆魅力县市展区/中国

图1-14 上海科技馆信息时代展区/中国

图1-15 纽约Bronx动物园展馆/美国

图1-16 纽约索尼体验中心/美国

三、历史

(一)博物馆的发端

博物馆现象最初萌发于人们的收藏意识。在4000多年前,埃及和美索不达米亚的统治者就注意寻找并保藏珍品奇物。根据英国兰开斯特大学博物馆学主任、国际博物馆协会1983—1989年主席杰弗里·刘易斯的描述,博物馆的历史是保存和解释人类的物证,人类活动和自然世界机构的历史。保存和解释的双重概念,构成了博物馆的起源基础。

公元前4世纪,马其顿的亚历山大大帝在建立地跨欧亚非大帝国的军事行动中,把搜集和掠夺来的许多珍贵的艺术品和稀有古物交给他的教师亚里士多德整理研究,亚里士多德曾利用这些文化遗产进行教学,传播知识。亚历山大去世后,他的部下托勒密·索托建立了新的王朝,继续南征北战,收集了更多的艺术品。公元前三世纪,托勒密·索托在埃及的亚历山大城创建了一座专门收藏文化珍品的缪斯神庙。这座缪斯神庙被公认为是人类历史上最早的"博物馆"。博物馆一词,也就由希腊文的"缪斯"演变而来。

与我们今天见到的博物馆不同,缪斯神庙其实是一个专门的研究机构,里面设大厅研究室,陈列天文、医学和文化艺术藏品,学者们聚集在这里,从事研究工作。传说在洗澡时发现了浮力定律的著名物理学家阿基米德以及著名数学家欧几里德都是在这里从事研究工作的。缪斯神庙这座人类历史上最早的博物馆,在公元5世纪时毁于战乱。

现代意义的博物馆在17世纪后期出现。在18世纪,英国有一位内科医生汉斯·斯隆,是个兴趣广泛的收藏家。为了让自己的收藏品能够永远"维持其整体性、不可分散",他决定把自己将近八万件的藏品捐献给英国王室。王室由此决定成立一座国家博物馆。1753年,大英博物馆建立,成为全世界第一个对公众开放的大型博物馆。

1946年,国际博物馆协会在法国巴黎成立。1974年协会对博物馆进行了明确的定义,公益性成为它的首要职责。

从 1977 年开始,国际博物馆协会把每年的 5 月 18 日确定为"国际博物馆日",并且每年都会确定一个主题。今年是第 22 个国际博物馆日,主题是"博物馆——沟通文化的桥梁"。

无论以前人们曾有过多么的辉煌的文明,都无一例外地将被历史的烟尘所湮没,人类在不断地创造文明,文明却无法永生,这是永恒的法则。但是,我们仍然可以通过某个途径去寻找这些文明的踪迹,这个途径就是博物馆。

还有一种说法:"博物"作为一个词,最早在《山海经》中就出现了,它的意思是能辨识多种事物;《尚书》称博识多闻的人为"博物君子";《汉书·楚元王传》中也有"博物洽闻,通达古今"之意。到了 19 世纪的后半叶,我国模仿日本,把"博物"一词开始作为一门学科的名称,"博物"的内容包括动物、植物、矿物、生理等知识。

"博物"与"馆"连成一个词作为一种文化教育机构的称呼在我国出现得比较晚,仅有一百来年的时间。日语中的"博物"一词来源于英文、法文、德文中通用的"Museum"一词,而这一来源于拉丁文的词又是出于希腊文"Meusion"一词,它的意思是一个专门为供奉希腊神话中掌司诗歌、舞蹈、音乐、美术、科学等活动的九个女神"Meusin"的场所。

在古代希腊,有一种与现代博物馆性质比较接近的专为保藏宝物的机构,它是一种专门保存版画、珠宝、王室的旗帜和权杖以及其它珍贵饰物的收藏机构。这种宝物库在欧洲其他的国家也有发现。直到文艺复兴时期,随着收藏内容的扩大,原来一些宝物库逐渐使用了当时流行的拉丁文"Museum"。在德国慕尼黑,两种不同名称的博物馆同时存在了很长的时间。随着时代的转移和社会教育发展的需要,改了名称并扩大了规模的博物馆逐渐取代了原来的宝物库,终于成为今天流行的为广大群众开放的博物馆。

现代博物馆已有二百多年的历史。然而,20 世纪以前以欧洲为代表的博物馆主要是从私人皇室、贵族和学者的收藏中脱胎而来,并逐渐演变成公共机构。比如意大利访问人数最多的位于佛罗伦萨的乌菲齐美术博物馆就是典型代表(如图 1-17 所示)。乌菲齐宫原是显赫一时

图 1-17　乌菲齐美术博物馆/意大利

的美第奇家族办公的地方,"乌菲齐(Uffizi)"即意大利文"办公厅"的意思。美第奇家族是大银行家,被称为佛罗伦萨"无冕王",实际统治佛罗伦萨近3个世纪。这个被称为佛罗伦萨"无冕王"的贵族之家,却有爱好、扶植和保护文化艺术的优良传统。二、三百年间美第奇家族的成员把从各地搜集来的艺术品集中到"乌菲齐",从而形成了乌菲齐公共博物馆。1581年,美第奇家族收藏的艺术品对外开放。1765年正式对外开放,

尽管由于历史上受封建主义禁锢较少,北美博物馆的发展方向略有不同,但在总体上,20世纪以前世界上主要的博物馆仍留存着许多私人收藏所的痕迹。随着博物馆在发展中面临的共同问题,欧洲和北美开始了世界博物馆历史上的第一次革命。这次博物馆革命从19世纪末开始,到20世纪20年代中期发展到顶峰。其内容是要将博物馆从纯收藏研究机构和它们所依附图书馆、研究所中解脱出来,变博物馆为真正意义上的社会开放机构,发挥其社会功能,特别是教育功能。作为其结果,社会逐渐普遍地接受了博物馆是一个社会教育机构的观点。其中,美国大都会艺术博物馆(如图1-18所示)可谓是这一方面的典型代表。大都会艺术博物馆由一群美国公民于1870年发起构建。当时的发起人包括了商人、理财家、卓越的艺术家与思想家。他们期望博物馆能够给予美国公民有关艺术与艺术教育的熏陶。

图1-18 大都会艺术博物馆入口外观

1904年,大卫·穆雷曾经写道:"德国的博物馆已经成为社会教育基地。在那里,每一个课题都因为配备博物馆教师而变得易于理解。"1911年,马格利特·泰尔伯特·杰克逊说:"在美国,博物馆被视为教育体系的一部分。"后人又将这次博物馆革命称为"博物馆现代化运动"。

博物馆现代化运动和专业化趋势还推动了博物馆共同知识体系的形成。在20世纪初到第一次世界大战期间,国际上出版了一系列博物馆工作手册,开办了一些博物馆培训课程,成立了一批专业协会,创办了专门杂志。继1889年成立的世界上第一个博物馆团体——英国博物馆协会之后,美国博物馆协会也于1906年宣告成立。1901年开始,英国博物馆协会开始出

版《博物馆杂志》（Museums Journal），成为世界上第一部国家级的博物馆专门刊物。

除人文历史类的博物馆之外，在20世纪前三、四十年，其他类型博物馆，特别是科学技术博物馆在欧美也逐步进入成熟期。其重要象征之一是，现代科学技术博物馆的一条重要原则"米勒原则"在这一时期被提出和得以实践。著名的德意志博物馆于1906年临时开放，1925年建成并正式开馆。当时博物馆的重要代表人物奥斯卡·范·米勒认识到：欲引导广大民众对博物馆产生浓厚的兴趣，单纯展出那些"死的机器"是远远不够的，观众应当被鼓励通过搬动手柄或揿动按钮来操作展品。这一思想及其日后实践的成功，使欧洲和其他地区科学技术博物馆的创办者们获得了灵感。1936年，巴黎发现宫的建成，代表着米勒原则的变化，也是欧洲科学技术博物馆进入成熟期的例证。

第二次世界大战以后，尽管地区与地区、国家与国家间相差悬殊，但从总体上看，欧美博物馆的发展速度是相当快的。从有关统计资料中人们可以发现，博物馆和博物馆观众大多数集中在北美、西欧和日本。二战后德、奥、瑞士的博物馆总数为2800多，美国是2000多，日本是1500多。到60年代末，美国至少有8000座博物馆，年参观人数到达3亿人次。纽约大都会艺术博物馆1967年创造了年观众人数4700万的纪录，最多时一个星期就有62000观众。

二战之后，许多学校教师强烈呼吁利用博物馆提供教育机会。但此时的博物馆教育主要是针对学生做一些特殊的安排，而对成年人的要求则关注甚少，陈列展览也很少注意非专业观众的接受能力。60年代以前的博物馆教育基本上定位在辅助学校教育。而60年代以后，博物馆教育开始成为一种职业，尽管它在当时还是队伍很小的职业。随着现代社会大众化趋势的发展，教育从贵族和知识精英的狭窄圈子中解脱出来，成为普通公众寻求自我发展的一种基本权利，这种趋势推动了现代博物馆教育功能的加强。

80年代以来，在世界范围内，博物馆是一个不断发展的领域。据国际博协统计，1973年全世界博物馆在20000座以上，雇员约10万。80年代中期至少增加到25000座，1981年出版的《世界博物馆》共列举了150多个国家的18000个博物馆。其中84%在北美和欧洲；8.7%在亚洲和太平洋地区；4.5%在拉丁美洲；1.5在撒哈拉以南的非洲；1.3%在阿拉伯国家。目前，世界各地博物馆总数已经超过27000座，而其中半数以上的历史不超过50年。博物馆的类型和内容更是多种多样，几乎含盖了人类自然和人文遗产的各个领域。世界博物馆的这次大发展始于六、七十年代，在80年代抵达顶峰，90年代以后趋于平稳。

英国《艺术报》于2014年3月25日发布的2013年度世界参观人数最多的艺术博物馆（包括任何形式展出艺术品的博物馆）。名单中的100家博物馆共接待169968789人次参观，其中英国的博物馆有35188525人次造访居冠，美国则以17家博物馆列名为最多。不过，世界上像伦敦自然史博物馆在内的自然历史和科学博物馆并没有被归类属于艺术范畴博物馆，而北京故宫博物院（紫禁城）和法国历史博物馆（凡尔赛宫）等博物馆在性质上则被视为非以博物馆展示教育功能为主的名胜景点，由于陈列室散落各处宫殿，实际参观展览人数难以客观衡量，所以也未收录在本列表中。

表1-1 2013年度世界参观人数最多的艺术博物馆

排名	博物馆	城市	国家	参观人数
1	卢浮宫	巴黎	法国	9334435
2	大英博物馆	伦敦	英国	6701036

续表 1-1

排名	博物馆	城市	国家	参观人数
3	大都会艺术博物馆	纽约	美国	6226727
4	国家美术馆	伦敦	英国	6031574
5	梵蒂冈博物馆	梵蒂冈	梵蒂冈	5459000
6	泰特现代艺术馆	伦敦	英国	4884939
7	国立故宫博物院	台北市	中国台湾	4500278
8	国家艺廊	华盛顿特区	美国	4093070
9	庞毕度中心	巴黎	法国	3745000
10	奥赛博物馆	巴黎	法国	3500000
11	维多利亚与艾伯特博物馆	伦敦	英国	3290500
12	索菲亚王后国家艺术中心博物馆	马德里	西班牙	3185413
13	现代艺术博物馆	纽约	美国	3066337
14	韩国国立中央博物馆	首尔	韩国	3052823
15	埃尔米塔日博物馆	圣彼得堡	俄罗斯	2898562
16	国立民俗博物馆	首尔	韩国	2705814
17	萨默塞特府	伦敦	英国	2398066
18	普拉多博物馆	马德里	西班牙	2306966
19	阿姆斯特丹国家博物馆	阿姆斯特丹	荷兰	2220000
20	国立新美术馆	东京	日本	2039947

(二)中国博物馆历史

中国博物馆的历史同中国社会的发展和文化教育的进步有着密切的关系。先秦时期,王室、宗庙、府库就已收藏文物珍品,秦汉以后文物收藏仍以皇室为主。宋至明清,除皇室收藏外,以官僚、士大夫为主的私人收藏也逐渐形成风气。19世纪中叶以后产生了近代意义的博物馆,取代了封建皇室和官僚、士大夫对文物的独家占有。但是,在中国近代半殖民地、半封建的社会条件下,博物馆事业不可能得到充分发展。1949年中华人民共和国的建立,使博物馆建设事业进入到一个空前繁荣的时期。

中国古代物质文化和精神文化的遗存,表现了古代人民的智慧和创造力量。文物的收藏、保护,为后来博物馆的产生准备了物质基础。但是,历代收藏、保护文物,以及重视度都不够;并且文物长期以来仅为封建统治阶级所专有,其贮藏结构始终处于封闭的内向环境之中,不向社会开放,阻碍了公共博物馆的产生。

19世纪下半叶在洋务运动、维新运动中,有识之士不断提倡引进西方类型的现代博物馆,作为"开民智"的重要措施。由于办博物馆被视为"新政"之一,遭到清政府的反对,直至1905年,中国博物馆建设的先驱者张謇自费创建中国第一座现代博物馆——南通博物苑,才开始了中国现代博物馆事业的新纪元。1911年孙中山领导的革命推翻了清王朝,建立了中华民国。民国政府中的教育部长蔡元培和在社会教育司工作的鲁迅都十分重视博物馆建设的。可惜这个政府不久就为军阀政府所取代,博物馆事业未能发展起来。到了 30 年代中国才真正出现了博物馆发展的第一个高峰。这个高峰的到来,一方面受 30 年代世界博物馆运动的影响,另外一方面与当时中国社会的经济、科学文化发展的需要有关。1928 年全国博物馆只有 10 个,到 1936 年就发展到 77 个。大型博物馆如国立历史博物馆、故宫博物院、中央博物院、自然博物院相继筹建,各省也纷纷建馆。中国现代博物馆事业虽然起步很晚,但一开始就具有比较鲜明的收藏、科研和教育作用。当时博物馆业务相当活跃,甚至多次出国参加国际展览活动。1935 年中国博物馆协会诞生,发行了会报,刊印了丛书,并于 1936 年举行年会讨论学术、规划事业。

由于博物馆经费的增加,博物馆事业有了较快发展。1936 年全国博物馆总数达 77 所,是 1928 年的 7.7 倍。1936 年全国博物馆连同具有博物馆性质的美术馆、古物保存所共 231 所,是 1928 年的 13.6 倍。

这个时期博物馆的业务活动也进一步活跃。主要表现是:①藏品征集工作受到重视,藏品数量激增,如北平历史博物馆原有藏品 57127 件,到 1932 年入藏文物已达 215177 件;②展览活动增多,观众数量扩大。如北平古物陈列所的稀世珍品随时改换,普通展品或定时更换,或逢节假日进行减价;③增强与外国博物馆的联系,参加国际展览活动。如 1935 年 11 月故宫博物院、古物陈列所、河南博物馆等机构的文物精品 1022 件参加了伦敦中国国际展览会;④编印出版馆刊,如《历史博物馆丛刊》(1926)、《故宫周刊》(1929)、《河北第一博物院半月刊》、《美术丛刊》(1931)、《浙江省立西湖博物馆馆刊》(1933)、《河南省博物馆馆刊》(1936)。此外,还出版了有关博物馆学研究的文集,如陈端志编著的《博物馆学通论》等。1935 年 9 月在北京成立中国博物馆协会,以研究博物馆学术、发展博物馆事业、促进博物馆之间的互助为己任,并编印出版了《中国博物馆协会会报》。

这一时期博物馆事业的另一个特点是,开始筹设综合性的大型国家博物馆。如 1933 年 4 月成立国立中央博物院筹备处,任傅斯年为筹备处主任,分设自然、人文、工艺三馆,分别由翁文灏、李济、周仁负责筹建工作。1936 年成立理事会,蔡元培为理事长。

1937—1949 年,由于日本侵华战争和国民党政府发动内战,博物馆事业遭到很大破坏和损失。

抗日战争爆发前,国民党政府为了保护文物,采取了一些应变措施,将部分重要博物馆迁往内地。1933 年 1 月,南京行政院密令北平文化学术机构所存文物妥为转移,故宫博物院、古物陈列所、颐和园陈列馆等处文物精品分批南迁,不久又分三路西迁四川。南京地质矿产陈列馆也撤至重庆北碚。但大部分博物馆因变起仓促而陷入日伪政权之下。在日伪统治下的华北、华东、华中及华南地区的博物馆,一部分遭到破坏,成为日本侵略军的军事驻地,如天津广智馆驻进日本宪兵队,南通博物苑变为日军的马厩等;另一部分则由伪政权接管。在此期间,国民党统治区、日伪统治区及伪"满洲国",出于各自的需要,分别新建了为数不多的博物馆。其中有:国民党统治区建立的甘肃省科学教育馆(1939)、四川省博物馆(1941)、四川地质调查所陈列馆(1942)、中国西部科学博物馆(1943);日本在青岛建立山东产业馆(1938)、在山西建立太原博物馆、在武汉建立伪省立古物陈列所;伪满洲国开办了热河宝物馆(1935,承德)、国立博物馆(1935,沈阳)、国立中央博物馆(1939,长春)、民俗博物馆(1940,长春)、南岭动植物园(1940,长春)。

1945 年 8 月,抗日战争胜利,国民党政府教育部召开"全国教育善后复员会议",决定社会教育机构复员四原则,内迁的国立社教机构大部分迁回原址,抗战时期部办社教机构具有地方性者,留设原地。根据这一精神,故宫博物院、中央博物院筹备处等陆续复员。同时,教育部和各地有关机构对日伪地区的博物馆进行了接收。日本在台湾设立的博物馆,也回到祖国怀抱。但是不久国民党政府全面发动内战,国民经济、文化教育进一步受到破坏,博物馆事业再次陷入困境:有的博物馆文物藏品被掠夺;有的经费无着,被迫关闭;勉强支撑局面的,也处于停顿或半停顿状态。到1948年初,国民党统治区的博物馆只剩下10余所,1948年冬,国民党政府决定将故宫博物院、河南省博物馆存留南京的文物精品,以及中央博物院的重要文物一起运往台湾。

中国共产党在土地革命时期、抗日战争时期和解放战争时期的解放区领导开展的文物收藏、陈列工作,是新民主主义革命文化教育事业的一部分,为中华人民共和国成立后博物馆事业的建设,提供了有益的经验。

中国共产党领导的博物馆工作发轫于土地革命时期。1933年夏,临时中央政府教育部决定建立革命博物馆,并在中央政府所在地设筹备处,但残酷的战争环境使这项工作未能实现。1940年7月,成吉思汗纪念堂和蒙古文化陈列馆在延安杨家湾落成开放。1941年,陕甘宁边区政府批准在延安附近建立博物馆。同年8月,由延安地质学会筹建的边区地质陈列馆在文化沟成立,收集陈列边区主要的岩石矿物及其他标本。1941年11月,陕甘宁边区第二届参议会上通过了筹设历史博物馆案。延安鲁迅艺术学院、陕北公学等学校也设立陈列馆或陈列室,延安八路军抗属子弟学校的师生自己动手也办起了展示自然科学知识的"小博物馆"。但是,这些博物馆都属草创,比较简单。

抗日时期解放区博物馆工作的另一种形式是,利用民众教育馆开展社会教育。举办各种类型的展览会是抗日时期博物馆工作的突出特点。这一形式在解放战争时期的各解放区被广泛采用。

中国博物馆事业发展的第二个高峰是在中华人民共和国成立后的50年代。中国共产党和人民政府对发展文物、博物馆事业十分重视。中央政府刚一建立就发布了一系列法令保护珍贵文物和文化遗址,还专门发了《征集革命文物令》,在经济困难的情况下仍然拨款发展博物馆事业。1949年,中国大陆只剩下21个博物馆,1952年全国省市以上的博物馆就发展到40个。1953年第一个五年计划开始后,博物馆仿照前苏联地志博物馆筹办全面反映地方自然、历史和社会主义建设面貌的地志博物馆。1957年第一个五年计划结束时全国博物馆总数已达到72个,除青海、西藏外,省级博物馆大体都已建立,基本上改变了旧中国博物馆集中在少数城市的不平衡局面。50年代后期在北京还建立了规模较大的中国历史博物馆、中国革命博物馆、中央自然博物馆和中国人民革命军事博物馆等国家级博物馆。

中国博物馆事业发展的第三个高峰是在80年代。在改革开放的新形势下,我国加快了博物馆建设的步伐。10年间博物馆在数量上、质量上都有了相当大的发展。1988年底统计全国文化系统共有博物馆903个,10年间增长了2.6倍。如果把非文化系统自办的博物馆也计算在内,至1987年底中国博物馆总数已达千余个。

20世纪90年代,中国的博物馆数量在稳步提升,据国家统计局统计,1994年全国文物系统的博物馆共计1161座。

而进入21世纪的这几年,中国的博物馆建设再次出现腾飞,如图1—18来自于《经济学人》官网,很好的展示了中国博物馆数量在21世纪呈现的飞跃发展。之所以出现这种发展,原因有二:一是中国的经济GDP每年以两位数的发展,使得中国逐渐在成为世界的经济中心。

因此,地方建设迅猛发展,文化基础设施逐渐成为重点;另一方面,北京获得2008年奥运会的主办权、上海获得2010年世博会的主办权,中国再次成为世界瞩目的焦点。因此,文化基础设施得以迅猛发展,而这也基本以国家大剧院建设为先锋,随后,上海音乐剧院、广州音乐剧院的建设掀起了地方城市文化基础设施建设的狂潮。据8月15日人民网文章报道:北京登记在册的博物馆总数达到140家,成为全国博物馆数量最多的城市。

根据《经济学人》网站2013年12月21日上的一篇《Mad About Museums》文章报道,1949年的时候,中国仅仅只有二十几个博物馆,并且在后来文革期间还遭受了巨大的破坏。但是伴随邓小平的改革开放政策带来的经济的快速发展和城镇化进程带来了博物馆建设的热潮。根据中国博物馆协会的副主席安来顺的介绍,中国根据规划需要在2015年之前拥有3500个博物馆,但是就2012年一年就新开了451座博物馆,使得2012年年底的博物馆就达到了3866个。而美国在2008年金融危机之前每年只有20~40个的博物馆建设数量。(如图1-19所示)

根据维基百科的不完全统计,截止2013年,中国存在大约3589个博物馆,其中包括3054个公立的博物馆(包括中央政府、地方政府以及一些大学主办),535个私立博物馆。这些博物馆收藏了大约2000万件文物,承担了大约8000个展览,接待了大约1.6亿人次的参观。其中一些诸如秦始皇兵马俑博物馆之类的文化遗存成为世界知名的旅游景点。

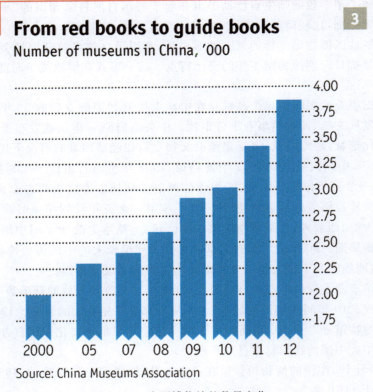

图1-19 中国博物馆的数量变化

第二章 策划设计

前期策划是整个展示活动的准备工作,是对一项展示活动的整体战略与策略的运筹规划,是指对于提出展示战略和计划、实施并检验展示决策的全过程作预先的考虑与设想。虽然这些并不一定由设计师承担,但包括了很多前期设想、筹备和组织工作,而这些工作的充分与否对于后期设计工作的进展将产生很大的影响,甚至直接影响到后期设计工作的进展和最终的展示效果。策划水平的高低直接影响着展示活动的视觉传达、效果沟通、审美价值和文化品位。

展示策划设计,顾名思义就是针对展示内容的梳理和信息传达方式的考虑。具体而言,可以理解为前期的针对展示项目的调研、展示内容框架的搭建、前期设计主题和设计创意的思考,进而为后续方案设计提供方向规定和参考依据。

根据对以上概念的分析,展示设计就载体而言,需要借助一个特定的空间。就目的而言则是一种信息内容的传播设计。本章所探讨的空间载体属于博物馆的展示设计,由此区别于一般意义上的会展和商业展示设计。就讨论的对象来说,论述的是展示内容的策划设计方式流程以及公司对此的运作机制。从对概念的分析中还可以看到,展示设计的核心语义是信息的表现与传递。而展示的内容是整个展示设计的基础和关键,是空间语言,创意思维的源泉和依据。从这个角度而言,策划设计由于其面对和解决的问题始终围绕展陈空间所要传递的内容为核心,那么展示策划设计的重要性自然不言而喻。图2-1所示为某历史博物馆策展大纲。

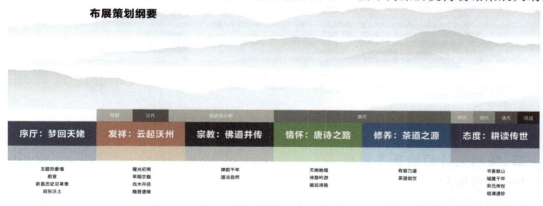

图2-1 某历史博物馆策展大纲

一、策划设计的重要性

(一)行业特性

展示设计具有行业的特殊性,与传统的装饰工程有很大区别。展示设计由于信息传播的属性,形式更多的服务于内容,前期策划对设计的定性具有决定性的意义。展示策划是展示活动的第一环节，策划水平的高低直接影响着展示活动的视觉传达、效果沟通以及审美价值和文化品位。专业完善的策划设计团队与高效的操作流程对项目运营十分重要。

(二)客观需要

在实际展示设计项目的运营过程中，往往都是设计和施工的周期比较有限，项目的时间限定性迫使展示设计前期工作需要尽量压缩时间，整合出有效的策划设计流程是十分必要的。另一方面，展示设计行业迅速发展，专业水准普遍上升，呈现行业整合态势。如何在行业竞争中以有限的时间做出高品质的策划设计提案，前期策划水平的高低成为至关重要的因素。

(三)主观需要

一般而言，展示设计的基本流程包括前期策划设计工作、创意概念阶段、展示空间规划、展示方案设计、展示设计深化设计、展示设计施工。由此可见，策划设计是整个展示设计活动的基本前提和依据。快速有效的前期策划设计方式是整个展示设计过程的关键第一步。图 2-2 所示为杭州规划馆临安城遗址展区策展大纲。

杭州市城市规划展览馆
Hangzhou City Planning Exhibition Hall

LINAN EXHIBITION
城史文明 · 展陈大纲

展陈大纲

1、序厅：临安城址展区/ 城史文明展区
建议将三个分展区统一命名为城史文明展区，作为主题统领各个分展区。

2、 展示单元
本展示区域的几个重点：独木舟的场景复原、良渚文化的多功能互动平台、南宋皇城的立体模型、多媒体影像纪录片。

■ 展厅一
文明曙光——跨湖桥文化展区
展示内容： 基本概况、保护性规划
展示形式：场景复原——在本展示区域中，采用场景复原，可以较为直观的还原历史的场景，并且加上为其量身定制的声光电系统，可以很好的吸引人们的视线与注意力。这样操作要远远比常规的版面展示更加逼真与生动，可以更好的达到一种深刻的认知性与宣传效果。跨湖桥文化中所发现的独木舟是迄今发现的最早的独木舟，并且有相关专家学者指出，跨湖桥时期的独木舟具有海洋文化的特质。因此选取独木舟作为第一个展区的重点与亮点，不仅仅代表一种器物形态，更隐喻一种开拓创新的精神。

平面展示——平面展示形态主要表达的是关于跨湖桥文化的基本情况以及现在杭州对其遗址的保护性规划措施的介绍。

■ 展厅二
美丽聚落——良渚文化展区
展示内容：基本概况、保护性规划、相关细节
展示形式：
多功能互动平台——在本展示区域的尽头，位于参观人流的视觉焦点位置放置一个多功能互动平台。多媒体的形式可以承载大量的信息内容，人们在此通过触摸可以查询到大量的关于良渚文化的细节信息。属于人们在通过展板以及实物建立起对于良渚文明的基本的认知之后的进一步的加深印象以及深入了解。在多功能互动平台里，可以放置大量的关于良渚文化自身以及后人如何对其进行考古和保护的信息。
在人们没有触摸的时候，该平台可以通过自动的滚动播放来传达信息，当人们触摸相关按键的时候，它则起到一个查询的功能。

实物展示——将良渚文化中比较突出的玉文化器物、黑陶文化器物、木漆器物作为实物展示于凹形空间。让人们可以一睹几千年前先民们在这块土地上的令人叹为观止的神奇创造。

平面展示——将关于良渚文明的概况以及当代对于其遗址的保护性规划的信息进行展示。同时在非重要区域可以结合展示一些关于良渚遗址考古挖掘保护的相关图片。

■ 展厅三
繁华天城——临安遗址展区
展示内容：基本概况、保护性规划、相关细节
展示形式：
立体模型——将原来的南宋皇城遗址立体模型移至此区域，结合相关的声光电，非常直观的让人们了解当时的皇城的布局形态。通过隔断的形式，为这个立体模型设置一个相对独立的展示区域，并且展示空间充足，人们可以通过绕行模型，仔细观察评鉴。声光电的结合使用，让其成为整个大展示区域的高潮部分。

多媒体播放——在多媒体中，主要播放关于南宋临安城的繁华形态的纪录片，让人们了解到这个风华绝代的朝代的繁华与美丽。

平面展示——在其中一面墙体上，布置南宋临安城的整体城市布局图，让人们结合对照皇城模型，从而有更为宏观的视野与体会。
将关于这段历史时期的临安城的相关概况以及现在对于其遗址的保护性规划的信息反映在平面版面中，形象直观。

图 2-2　杭州规划馆临安城遗址展区策展大纲

二、策划设计师的基本素养

(一)复合型人才

展示设计跨学科的特性需要展示设计师有跨界思考的能力。策划设计师由于其工作的特殊性，需要解决多方面的问题，需要在整个展示设计团队中进行贯穿，从前期客户沟通、资料调研、主题凝练到后期设计施工都需要进行一系列步骤的跟进。策划设计师所面临和需要解决的问题在整个设计团队中是综合的和最复杂的，因此需要广博的知识储备才能。

(二)知识型人才

展示策划设计师需要有广博的知识储备。当前在展示设计教育中并没有专门的展示设计策划人才培养，目前行业内的展示策划设计人员基本来自于中文，艺术学、广告策划等专业方向。通常企业需要承担基本的培训职能。同时，在面对不同的展示媒介主体时，也会产生不同

的问题,比如设计城市规划展览馆就需要策划设计人员对城市规划需要较多的知识储备;在面临产业规划展示馆时,又需要对产业发展等方面掌握足够的知识;而在设计文博馆、主题馆时,则对展示策划设计人员在文化底蕴方面的知识提出很高的要求。在面临不同的问题时,就很难进行及时的应对。

(三)学习型人才

展示设计师需要拥有不断学习的能力。目前对公司来说,越来越多地出现专业细分的现象,有专注于城市规划展示馆设计的公司(比如上海风雨筑展览设计有限公司),有比较擅长于文博馆展示设计的公司(比如苏州和氏展览设计有限公司),有偏向于产业馆、企业展示馆展示设计的公司。越来越多的公司开始探索自己关注的领域,并且在这一领域追求更高品质,但是每拿到一个新的案子,都是面对一次新的挑战,都需要对当地地域文脉,人文风情的全面梳理和学习。而另一方面,由于市场竞争的激烈,公司运作也不可能只关注于单一的领域,在公司主要擅长领域之外会有横向的拓展。这就需要展示设计师随时会根据不同的设计对象进行自身知识储备和知识结构的转换,而这些都必须来源于不断学习能力的建构。

三、策划设计方法与流程

(一)基本方法

不同类型的主题空间需要相对应的展示策划手法,比如文化性较强的展示空间,就需要对文化背景进行较好的梳理,需要策划者自身具有较好的文化修养与积累;而产业类展馆空间就需要展示策划设计师对目前产业发展现状以及发展策略有一定的基本了解和把握;在针对城市规划展示馆这一类型项目时则需要展示策划设计师对城市规划的基本体系有一定的知识储备。

在完成基本的资料堆叠基础之上,需要策划设计师针对繁杂的资料进行归类并按照一定的叙事逻辑进行梳理建构基本的展示叙事结构。此时可以借助一定的图示语言的方式将其以点的形式明确化。目前较为常用的辅助软件是 MIND MAP MANNAGER。制作一个结构框架图然后可以召集整个方案设计团队进行讨论,从展示内容为依据的角度出发,协调空间、平面以及多媒体创意团队更加细化和明确展示设计的内容。图2-3所示为吴中区青少年活动中心主题策划。

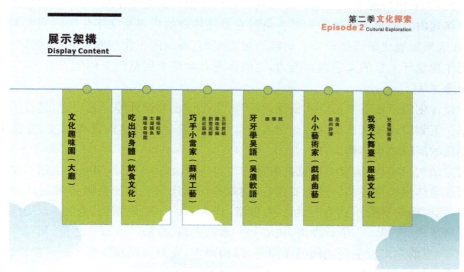

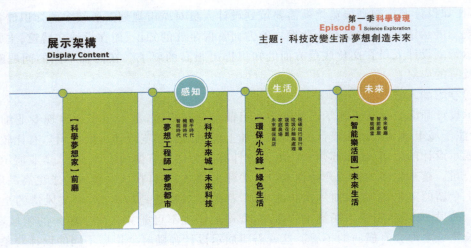

图 2-3　吴中区青少年活动中心主题策划

（二）操作流程

一般来讲，策划设计所面临的工作包括前期策划、方案策划、策划深化、现场跟踪几个阶段。

1. 前期策划

在最开始前期商务沟通阶段，策划设计人员需要进行配合。了解客户的需求以及跟客户沟通，收集相关资料文件，充分理解和理解甲方的设计要求和设计任务。

接下来需要对资料进行全面的收集与整理归档工作。项目资料的收集整理是整个设计团队进行工作的第一步和关键环节，需要策划设计师统一安排部署，由文案人员负责对收集到的所有与项目相关的资料进行归类，整理。并完成初步的策划脉络的堆叠过程。

前期策划设计文案阶段是对所收集到的资料进行深入解读从而梳理出基本的展示脉络的过程。针对甲方的要求，纷繁复杂的基础资料需要进行一定程度的精简。在展示设计人员的工作范畴内，文案撰写能力主要是针对陈列内容设计中的文案工作而言的，它体现的是展示设计人员对陈列内容的整体安排和构思。虽然它最终体现的成果是文字化的陈列大纲和陈列计划，但是在成果形成之前需要设计人员经历过完整的、系统的工作步骤。所以这部分的文案撰写不仅能体现设计人员的文字撰写能力，更能体现其对整个展览的架构能力。

2. 方案策划

前期设计创意阶段需要与空间创意设计师，多媒体创意设计师一起讨论，进行前期方案的头脑风暴。策划设计师从自身的专业角度和以展陈内容优化表达的需要出发，安排更为合理和更具创意的展陈叙事结构。

在展览结构确定后，需要对展览的各部分内容进行凝练，确定各部分的主题。主题的提炼需要能精炼地体现展览各部分的主要内容，例如苏州和氏营造股份有限公司设计的东海城市展览馆中，就明确的将展示内容分为八大篇章，即卷首——初识东海、魅力——题首陆桥、谋篇——点睛华章、布局——争辉陇海、风姿——水韵美城、神韵——写意之旅、和谐——绿境人居、愿景——意韵东海。主题之间循序渐进，结构严谨，充分表现和传达了展示的内容与信息。

展陈大纲是策划设计工作的进一步深化。以纲领性的表达方式凝练出来，并且将各个展示板块的展示手法与理念都进行对位。在陈列大纲中首先需要明确的是展览的基本结构,或者可以称为阐释展示主题的叙述方式。叙述是展示设计的特点和重点,叙述就是指一种讲故事的方式在空间中陈列的方法。在场景中,展示设计师按讲述的顺序有规则地划分展品,从更广泛的意义上看,叙述空间是指展示物融入背景。叙述空间的创作更多地涉及对展品的解读,以及对展示设计的解读,即建立一个放置展品的故事情节背景。

在方案汇报阶段还需要专门制作展览文本,它包括展览的主题和内容、结构安排、信息安排、重点场景、创意氛围,以及其他特殊考虑。汇报片解说词是针对前期方案汇报阶段的最后阶段。汇报片的成型需要策划设计师进行脚本的撰写。这个是汇报片成型的关键,也是汇报片水平高低的直接决定性因素。图2-4为某规划馆展陈大纲。

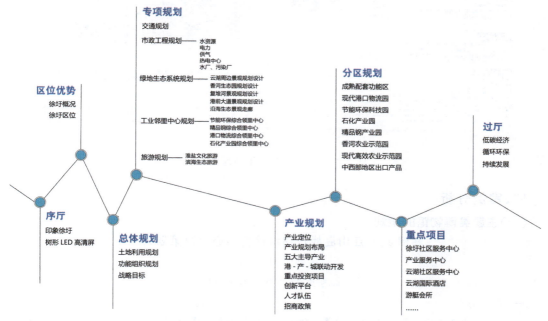

图2-4 某规划馆展陈大纲

3. 策划深化

在方案深化阶段,策划设计师需要与平面设计师进行良好的沟通与对接,将每一块展板所要表现的内容进行准确对位,并且依据实际空间、实际版面尺寸进行一定的协调与对接。

接下来进行展览素材的选择和安排,研究展品组合。选择最能揭示主题的文物和与表现主题有关的展品及信息,包括文字说明、实物、图片、声像资料、多媒体及其他辅助展品。在此基础上,把有关的陈列品组合在一起,成为一组组表达主题思想的群体。图2-5所示为新昌博物馆的策划深化展示。

4. 现场跟踪

现场协调阶段需要进驻施工现场,基本工作主要体现在对展示内容的准确对位的梳理。具体表现在对多媒体展项中的展示的内容、静态版面展项中的展示内容的确定。现场由于展示细节的局部调整或者甲方的设计变更,从而对展示内容发生小范围的内容更新是时常出现的情况,需要策划设计人员及时解决。

主题博物馆展陈设计

图 2-5　新昌博物馆策划深化展示

四、案例分析

(一)主题类博物馆的策划

案例1：一江山岛战役遗址接待中心展馆策划大纲

策划设计：丁俊

上海星湖展览有限公司

一、展陈脉络

1【口述历史】门厅，2【海陆空作战】立体式沉浸体验馆，3【战役全程】全息场景体验大厅，4【人物故事】或【一江山岛战役遗址宣传片】舞台式多媒体影院，5【共祈和平】冥想庭院。

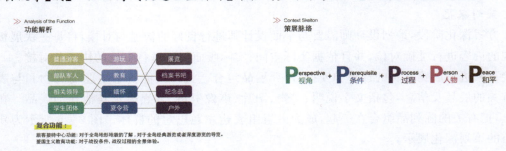

图 2-6　一江山岛战役遗址接待中心展馆策展脉络

二、展陈大纲

【口述历史】门厅

(一)暗涌·时代背景

1. 国际环境
2. 台海局势
(1)台湾海峡局势;
(2)美蒋共同防御条约。
3. 岛屿形势
4. 台列列岛大事记
(二)激流·作战条件
【海陆空作战】立体式沉浸体验馆
1. 解放军
(1)海军;
(2)陆军;
(3)空军。
2. 国民党军
(1)防御设施;
(2)武器装备。
3. 双方军力数字解读
(三)浪潮·战斗过程
【战役全程】全息场景体验大厅
1. 战略决策
(1)决策过程;
(2)制海制空;
(3)作战准备:作战方案;协同演练;民众支前;孤立大陈、一江山;浙东前线指挥部。
2. 战争全程
(1)防守体系:大陈战区防卫司令部、布防情况;
(2)审时度势;
(3)火力全开;
(4)攻克岛屿。
3. 金刚计划
(1)大陈列岛;
(2)撤退全程;
(3)美国协防;
(4)后续安置。
(四)续流·后续影响
1. 媒体报道
2. 后世纪念
(1)大陆;
(2)台湾;
(3)两岸交流。

【一江山岛战役遗址宣传片】/【人物故事】

(五)【共祈和平】冥想庭院

主题：追悼战争、祈求和平

案例2：某体育博物馆策划大纲
策划设计：丁俊

全民健身、人人体育

风雨搏击　铸就辉煌

一、序

(1)湖北体育发展概况(图文展板)。

(2)领导关怀(多媒体影片)。

二、History 发展历程

(1)中国体育历史。

(2)湖北体育发展。

三、Achievements 建设成就

(1)湖北体育建设成就。

(2)湖北主要场馆；场馆建筑模型。

(3)荣获殊荣：荣誉墙。

四、Participation 全民体育

(1)赛事报道(体育留声机)。

(2)体育教育(体育课堂、体育学院)。

(3)全民参与(健身项目、健身设施、体育彩票)。

(4)地市风采。

(5)重大赛事(体育新闻树)。

　　(互动：赛事要知道：奥运、青运、省运。)

五、Prospect 未来展望

六、Yield 收获卓越

(1)优势竞技项目(羽毛球、乒乓球、体操、水上运动)。

(2)湖北体育健儿(湖北奥运名人堂)。

湖北培养的世界级国家级运动员：周继红、陈静、乔红、伏明霞、李小双、肖海亮、杨威、郑李辉、高凌、李婷、程菲、廖辉、李娜、赵云蕾。

(3)临展区布展。

(4)接待室。

(5)体验区。

(6)趣味投篮。

(7)快来奔跑。

(8)神奇的球。

(9)骑行健康。

（二）产业类博物馆的策划

浙江玉环节能环保展示馆

策划设计：丁俊、肖丽

上海星湖展览有限公司

展陈大纲

序厅——我们的家园

生态玉环 美景掠影

一、愤怒地球 环境警钟

（一）无法仰望的天空

（1）大气污染现状；

（2）温室效应；

（3）酸雨；

（4）PM2.5；

（5）PM2.5检测互动游戏。

（二）难以寻觅的清源

1. 水污染问题

（1）淡水环境；

（2）海洋水环境。

2. 隐形的"杀手"

（1）辐射：辐射种类、辐射危害；

（2）噪声：噪声种类、噪声危害。

3. 错位的资源

（1）固废之害；

（2）垃圾分类知识介绍（互动游戏）。

二、生态玉环 环保行动

（一）玉环环保历程

工业立县——生态立县。

（二）工业环保措施

（1）调整产业结构。

（2）发展低碳经济。

（3）使用绿色能源。

①海洋能源；

②风能；

③太阳能；

④海水淡化。

（4）提倡清洁生产。

①华能玉环电厂——洁净煤技术；

②严控火力发电污染气体排放。

（5）实施林业碳汇。

(6)发展循环经济。
(7)引导消费行为。
(三)家庭环保措施
(1)低碳生活理念;
(2)低碳生活50条小习惯;
(3)玉环"绿马甲";
三、美好未来 碧海蓝天
①玉环环保成就展。
VR自行车漫游
②生态工程。
③生态示范。
④展望未来。

(三)多媒体影片策划

漕水转谷 千年载运

策划设计:李林

上海未石影视文化有限公司

镜号	景别	画面描述	时间	画面参考	旁白	音乐/音效
C1	全景定	营造影片开头的形式感 画面中心是篆体的"漕"字 画面底纹是漕船与漕旗的 画面包装 引出主题与全片的大气与厚重的基调	10秒		无	悠远的历史回声 文字扫光时的音效
C2	特写摇出中景	在黎明的光影中 镜头特写春秋大翼战船上的战鼓,鼓手擂响起战鼓,镜头缓缓从鼓中摇出,战船上旗帜飘扬,兵器陈列	8秒		一个消息,震惊在公元前486年	雄壮的音乐 鼓声
C3	近景摇下中景	黎明的光影中 镜头从飘扬的旗帜摇下,展现大翼战船上士兵擂鼓划桨的雄壮画面	5秒		东南小国吴竟兵锋直指齐国	雄壮的音乐 鼓号激昂
C4	近景拉远鸟瞰	镜头顺着战船的龙头划过船身摇起,展现千帆战船驶向远方,远方一座城池融入在清晨水雾之中,被战船的气势所压迫	10秒		与周室天下的上国诸君推杯换盏于问鼎中原的楚席上	雄壮的音乐 鼓声渐远

续表

镜号	景别	画面描述	时间	画面参考	旁白	音乐/音效
C5	特写 叠化 全景	竹简翻开,关于此次大战的历史文字在竹简中消散,竹简内叠化出吴王夫差和伍子胥开凿邗沟的景象 文字特效"公元前486年,吴王夫差开挖邗沟以通江淮。"	12秒		这个近乎天方夜谭的事实,某种程度早在吴王夫差和伍子胥开挖邗沟的铲凿声间已经注定	音乐转场成充满历史质感,厚重的风格 淡淡的开凿声的音效
C6 C7	鸟瞰 拉	镜头从运河上拉起,展现漕船驶向远方。镜头快速后拉,并从一座山峰摇起,运河水道定版成片名"漕 水转谷 千年载运"(将原有创意进行优化,从镜头表现上更具气势,从镜头语言上更富有内涵,镜头拉升起来增加中国地图底纹,从而契合"华夏命脉"的内涵。) 淡出	20秒		只是伍子胥永远凝固在姑苏城西的目光,不免还是惊诧,被他付诸实施的"沟通水系、以水运粮"的构想,居然会演变为维系华夏千年命脉的两个字:漕运	音乐逐渐至高潮 河流的音效 最后音乐淡出
C8	全景 拉	篆体字"漕"进行三维演绎,形象展现"漕"字水载谷的字形 画面底纹中金色线条的漕船向观众驶来	6秒		以水运粮就是漕	音乐起 历史质感,厚重风格的音乐
C9	全景 拉 鸟瞰	上画面金色线条的漕船幻化为实体,场景变换为三维写实场景,镜头后拉,显现出漕运船运兵粮,屯田积谷的景象	8秒		在秦汉魏晋南北朝的刀光剑影里	历史质感,厚重风格的音乐
C10	全景	运兵运粮,屯田积谷的景象逐渐化为背景,前景中叠化出王侯逐鹿的战争场面 文字特效"兵马未动,粮草先行"淡出	10秒		漕运是王侯逐鹿的利器,得之则兴,失之则亡	历史质感,厚重风格的音乐 战争音效

续表

镜号	景别	画面描述	时间	画面参考	旁白	音乐/音效
C11	中景	淡入 镜头从天空摇下，展现黎明运河上舟船林立的场景 文字特效 "公元605年，隋炀帝开凿大运河"	8秒		无	历史质感，厚重风格的音乐
C12	鸟瞰	镜头鸟瞰黎明运河的景象 文字特效 "六年，连接起全长2700多公里的漕运长城"	8秒		无	历史质感，厚重风格的音乐
C13	全景摇起远景	镜头穿过杨柳岸从龙船侧面的宫殿摇起，俯瞰龙船正面与运河两岸的繁华景象	10秒		隋唐宋，南北大运河杨柳岸边的晓风残月，吹拂过杨广的一路旌旗	历史质感，厚重风格的音乐 音乐情绪渐渐上升
C14	近景推入全景	城门打开 镜头推入大明宫，仰视含元殿的恢弘	6秒		见证过大唐的万国来朝	历史质感，厚重风格的音乐 音乐情绪渐渐上升 城门打开的音效
C15	中景摇下全景	镜头从汴梁城门摇起，展现汴梁在江南漕运输送下的繁华场景（写实的清明上河图）	6秒		照亮过清明上河的勾栏瓦肆	历史质感，厚重风格的音乐 音乐情绪渐渐上升
C16	全景拉鸟瞰	镜头从汴梁虹桥两岸之间拉升，形成汴梁的小鸟瞰伴随着镜头的升高，光影从傍晚变为晚上，运河水岸倒影出繁华的城镇与百业昌盛 淡出	10秒		船舸樯橹摇出城镇盎然、百业兴旺。	历史质感，厚重风格的音乐 音乐情绪渐渐上升 舟船划水声
C17	全景定	淡入 在兵器构成的影视包装背景中，元朝征战的景象呈现 刀光剑影化作尘烟，征战的情景叠化为下镜头的水面特写	8秒		忽必烈，金戈铁马	历史质感，厚重风格的音乐 音乐情绪渐渐上升 战争背景音效

续表

镜号	景别	画面描述	时间	画面参考	旁白	音乐/音效
C18	垂直俯视拉	镜头从特写的水面拉出,槽坊船逐一入画,展现漕运百舸争流的雄壮场景 文字特效 "公元1293年,元代大运河全线通航,漕船可由杭州直达大都。"	8秒		最后还是笃信了漕运的悠悠涛声	历史质感,厚重风格的音乐 音乐情绪渐渐上升
C19	拉全景	镜头从运河急速拉升,穿过云层,拉升成中国地图。从中国地图上可以看到运河与万里长城交相呼应,共同勾勒出中国地图的轮廓	12秒		不想,全长近1800公里的京杭运河流淌出的却是明清帝国千年一统	历史质感,厚重风格的音乐 音乐情绪达到小高潮
C20 C21	全景推入鸟瞰	从地图影视包装表现漕运所通七省,最后切入淮安,镜头穿越地图,穿过云层,形成淮安三城的鸟瞰 淮安三城在云层的投影之间显得雄伟壮丽	8秒		明,漕政通乎七省,设总督署于淮安	历史质感,厚重风格的音乐
C22	中景推全景	镜头从镇淮楼摇起,推至漕运总督部院	10秒		淮安集"漕、河、盐、榷"于一城,煊赫无比	历史质感,厚重风格的音乐
C23	中景推远景长镜头	镜头穿过漕运船队,快速穿越通州码头,俯瞰通州码头,展现通州码头的繁盛繁忙的景象 段落结束,淡出	15秒		清,漕运最盛时,船帮百余,漕船6000多,年运漕粮400万石	历史质感,厚重风格的音乐 音乐逐渐淡出
C24	特写摇出全景	淡入 镜头从稻田中摇起,蜿蜒的水道中漕船船队驶向远方	8秒	(下图为油菜花,仅作颜色构图示意)	自江南稻香,	音乐起 较为抒情的中式古典音乐
C25	全景	一片枫叶飞过转场,紫禁城枫叶霜红的场景	8秒		至京师霜叶秋红。漕船不息,千帆争流	较为抒情的中式古典音乐
C26	多镜头快速组接	画面呈现 左边为影视包装表现京口闸、淮安五坝、水脊闸的地域表现 右边为三个快速推进的连续镜头组合剪辑,穿越闸口、逆流而上的场景	14秒		渡京口闸入江,过淮安五坝进淮,走山东南旺水脊闸穿黄,越闸坝近百,逆流而上	较为抒情的中式古典音乐,音乐逐渐变化情绪,从优美抒情变作雄壮抒情

续表

镜号	景别	画面描述	时间	画面参考	旁白	音乐/音效
C27	特写摇下全景	镜头从淮安榷关的特写摇下,展现船只过榷关的场景	10秒		熙攘于浒墅、扬州、淮安、临清四大榷关税吏的分毫计较	雄壮抒情的音乐
C28	特写摇下	镜头从朝阳门墙上刻着的谷穗摇下,展现漕运的粮食从陆路运入京师的场景 文字特效 "民以食为天,漕运国之大事也。" 淡出	10秒		挥汗于京通漕仓运粮的担石重负	雄壮抒情的音乐 音乐逐渐淡出
C29	摇起鸟瞰	雪花机飘雪,镜头从紫禁城拉起 形成俯瞰紫禁城飘雪的壮丽鸟瞰	8秒		无	雄壮大气的音乐起 风雪音效
C30	平移	飘雪的运河与飘雪的长城交叉剪辑,他们共同见证了帝国的兴盛 镜头上通过造型的相似引发对内涵的思考	8秒		漕运,于庙堂,关乎帝国命运。	雄壮大气的音乐逐渐上升 风雪音效
C31		画面呈现 整个画面以影视包装加三维场景的方式进行呈现 影视包装主要表现漕运之于民间的盛况			而于民间,则是生活斑斓	雄壮大气的音乐逐渐上升
C32	多镜头快速组接	三维场景则通过升"五谷丰登""漕运通畅"的大旗,升帆的意向化的大气的特写,表现漕运的斑斓文化 所以表现上不会像原片那么死只是叠化些视频包装,而是通过三维场景与视频包装共同呈现,并且在速度上不断加速,从而达到下镜头鸟瞰的高潮	18秒		祭漕开漕,习俗相沿 十番锣鼓,曲韵悠远	雄壮大气的音乐 锣鼓喧声
C33					漕帮叱咤,江湖风云 清溪饯别,酒香情浓	雄壮大气的音乐 逐渐上升

续表

镜号	景别	画面描述	时间	画面参考	旁白	音乐/音效
C34	大鸟瞰	镜头从淮安城外运河的百舸争流的漕船拉升至淮安三城的鸟瞰	12秒		淮扬苏杭，因运繁盛	雄壮大气的音乐逐渐上升到达高潮
C35	全景	千帆漕船驶向镜头，运河逐渐淡出，漕船却在运河上慢慢幻化为金色的轮廓	10秒		漕运，一个民族行走在水上的传奇。漕运不在，却千里留行	雄壮大气的音乐逐渐缓下
C36	全景	对篆体字"漕"进行三维演绎，形象展现"漕"字水载谷的字形，定版出特效文字"水转谷 千年载运"定版淡出	8秒		于记忆间沉淀为永恒的文化基因	雄壮大气的音乐逐渐缓下 文字扫光时的音效

第三章 展陈设计

本章节主要探讨目前设计市场上占据大量份额的主题类博物馆的设计,包括专题类博物馆、企业博物馆、文化展厅、纪念馆等。这种博物馆涵盖种类多,业务数量大,涉及面广,具有很强的探讨意义。

而现实上,传统主题性博物馆设计越来越呈现众馆一面的同质化倾向。但凡纪念性场馆必有雕塑,必有一系列具有隐喻性的装饰符号堆砌。但凡企业博物馆必有大幅形象墙,并且将企业符号拼贴于上。

传统博物馆展陈设计很多都是简单地停留在传统学术类的展陈方式上,尤其是很大一部分的展陈设计还是简单地从装饰装修的角度进行操作,这样所导致的结果就是展陈效果比较简单无趣,从而让参观者丧失参观的兴趣和动力。

现在比较提倡的是主题类博物馆的展陈设计。基于这样的前提,研究提出了沉浸体验式主题博物馆的展陈目标。而要达到这样的目标,必须对以往的展陈方式进行一定的反思,打破学科壁垒,尤其是淡化装饰装修的传统固有观念,强化观众的互动体验,提倡舞台布景、情景还原等方式;必须坚决摒弃那些重视无所谓的装饰、造型以及不考虑展陈内容的多媒体堆砌的设计方式。要把握好沉浸体验感的设计,必须强调好的设计流程,在设计流程中,需要不同专业很好地分工合作,从而完善成具有很好体验的沉浸体验式博物馆。

一、设计理念

(一)主题性博物馆的核心本质在于沉浸体验的营造

国内大量的主题性博物馆呈现吸引力欠缺、活力不足、严肃说教的现象。现实上,传统主题性博物馆设计越来越呈现众馆一面的同质化倾向。很多博物馆只是简单地将展陈方式理解为室内设计加上展板和多媒体投影的组合。究其根源在于对此类展馆展陈设计存在相当大的认识误区。最重要的是需要认清如何对主题类博物馆进行价值评价。我们需要认识到一个好的展馆设计不在于做了多么精致复杂的造型,不在于堆砌了多么炫动的多媒体,而在于怎样生动的讲述了一个故事,怎样巧妙地解决了具体的问题,并最终营造了一种让人沉浸其中的良好体验。图3-1所示为主题沉浸体验示意图,体现了沉浸体验的三元素,即故事、体验、问题,它们是三位一体的关系。

图3-1 沉浸体验三元素

(二)主题性博物馆的良好设计需要撇清专业认知误区

首先,最重要的需要有一个高素质的专业策展人。要打造一个良好的主题性博物馆首先需要策展人起到牵头和把握整体方向的作用。策展人需要具有更宽广的视野、更具战略的高度,对整个展馆从策划运营角度提出思路,对具体展示内容进行逻辑梳理和把控,并以此为基础对具体展陈设计提出设计方向和思路,这不同于其他专业更多地只是对展示场馆的硬性空间设计。

其次,展陈设计的全面执行和深入需要高素质的展面设计人员。他们负责对整个展示场馆进行具体的设计实现。展面设计师需要具有教改的综合能力,既要对空间具有一定的把握能力,更需要具有很好的视觉传达设计水平,能够将经过文案人员处理过的图文信息结合版面、展柜、多媒体等多种手段进行综合表达。图3-2所示为位于纽约华尔街附近的美国财政博物馆的展陈设计。其展陈设计方式非常注重展面表达的丰富性,其版面设计效果突出,比较引人入胜,其色彩选择、图片处理都比较讲究,另外版面和实物多媒体视频等都结合紧密,很好的传达了展陈信息。

图3-2 纽约美国财政博物馆/美国

另外一方面,业内经常提到的所谓"平面立体化"只是一种表象。平面立体化只是丰富视觉效果,并不是展馆设计的目的。而大家提倡的"以展项为核心"也只是一种手段,最终的目的还是要体现在体验感的营造上。比如由美Gallagher & Associates设计的美国二战博物馆(见图3-3),采用立体化布景的方式,表面上是呈现了丰富的视觉效果,更深层面上是对于展示信息内容的深入梳理分析,并且综合运用布景手段从而营造良好的体验。

重视展品自身的表现力,将其进行视觉的突出和氛围的营造也是立体化展陈的一种比较好操作的方式。比如在LBJ总统纪念博物馆中就放置了大量的实物,对其进行适当的处理就可以形成很好的展示效果。图3-4中所示为越南战争期间,交战双方所使用的武器,越共的AK-47和美军的M-16武器以及美军在越南战争期间受到攻击的舰艇模型,直观地展现了战时武器状况,结合版面更加营造丰富的立体化效果。图3-5所示为上海汽车博物馆,该展陈方式更是将展品自身的形象做到最大化展现,通常展陈设计中经常关注的室内空间界面的处理都进行了弱化处理,即使是有限的形态和色彩也都是为了更好的烘托展品。

图 3-3 美国二战博物馆/美国

图 3-4 LBJ 总统纪念图书馆/美国

图 3-5　上海汽车博物馆/中国

室内装饰的设计方式需要规避。空间设计的专业素养对于博物馆空间的设计不可或缺，但实际操作中往往更多地体现在流线的组织规划上。而这一点如果善于观察，勤于思考，基本不会出现大的硬伤。基于现实很多展示设计公司都沿用室内设计涵盖博物馆设计这个小众，很多设计团队往往让室内设计甚至是室内装饰人员在整个展陈设计里面起统筹作用。这样导致展示场馆表现出装饰化过度的效果，而对于展陈信息的有效传达缺乏考量。其设计方式呈现出大量使用装饰饰面处理室内空间表皮。而为了涉及展陈内容，则比较生硬地将所要传达的展陈内容依附于表皮上，并且主要是在做了大量造型的室内立面上。造价低的时候就在立面上拼贴展板，并且有时为了丰富视觉效果则仍然沿用装饰的手法，做一些没有意义的碎片化造型；当预算充裕的情况下则堆砌一些多媒体投影在展陈立面上。如此手法对于展陈信息的有效传达全然缺失，更无法谈及所谓体沉浸验感的诞生。所以需要注意严格摒弃传统室内装饰的设计想法和思路。图 3-6 所示为博物馆展陈理念的分析示意图。

图 3-6　博物馆展陈设计理念分析

舞台式设计方式是营造沉浸体验的最新趋势。为了打造良好体验感，目前国外也有一些展陈设计公司以舞台设计专业人员主导设计博物馆，比如设计了 911 博物馆的、位于纽约的 THINC 公司就是具有很强的舞台设计背景。他们设计的 911 博物馆（见图 3-7、图 3-8）就没有采取传统的展陈设计手法，而是以实物为核心，让观众在参观的过程之中去认识他们，达到了情感上的互动。而为了营造舞台化的效果，大量的展示器物就成了营造舞台化氛围的展示道具，而灯光、多媒体以及展板都成了辅助说明的工具。

图 3-7　911 博物馆/美国

图 3-8　911 博物馆/美国

(三)营造沉浸体验的基本方式

营造这种体验可以从场景复原、情景再现、舞台布景的方式进行探索。场景复原是营造沉浸体验最直接和最基本的方式。可以通过实物摆放、半景营造的方式进行处理。基于目前多媒体技术的日新月异,可以在场景中结合多媒体投影技术进行更为丰富的造景处理。另外加入一些感应技术和相应的程序,还可以和参观者互动,形成更具吸引力的展示空间。如图 3-9 所示为位于德克萨斯州首府奥斯汀的德州历史博物馆,在介绍西班牙殖民者这一内容时,在入口区域布置了一处殖民要塞的场景,还原了当时的情景,引人入胜。

图 3-9 德克萨斯州立历史博物馆/美国

情景再现则在场景复原的基础上更进一步。如果条件允许还可以策划一些故事情节,让整个场景更加鲜活,而非严肃的文物陈列。有时还可以将一些角色由真人来扮演,形成恍若实际的穿越感,并且参观者也可以有选择性的参与其中。例如德克萨斯军事博物馆在二战纪念日举办的面向公众的二战演示活动就是情景再现的具体体现(见图 3-10、图 3-11),具体演示德军和美军当时作战武器及其使用,以及双方攻防的实战演习。观众可以现场近距离地感受到关于二战德国和美国士兵交战的历史知识。而美国一战博物馆更是将"战争时期的士兵"搬到了博物馆内部,为观众带来历史穿越的现场体验感(见图 3-12)。

图 3-10 德克萨斯军事博物馆二战演示/美国

图 3-11 美国德克萨斯军事博物馆二战演示/美国

图 3-12 美国一战博物馆的士兵展示/美国

舞台布景的方式则对整个布展提出更高的要求,需要综合运用多种专业手段营造戏剧化的氛围。比如各种展示道具、灯光、多媒体、场景、故事情节等。一江山岛战役遗址博物馆是 2014 年 8 月笔者主持的投标项目,其中结合一个独立的大空间设计的"海陆空立体沉浸体验馆"是运用场景复原和舞台布景设计方式的具体尝试(见图 3-13)。空间中,展示道具沿墙布置,中间是活动式登陆船,可以在纪念日等特定场合举办表彰、庆祝、纪念等相应活动,在感知和触摸历史的空间中,人们更容易形成很强的空间仪式感和沉浸感。另外,舞台布景的方式也比较灵活多变,还可以根据需要布置成橱窗一样的效果,而非步入式的立体空间,如图3-14、3-15就利用半景的方式形成比较好的观看效果。

图3-13　一江山岛战役遗址博物馆/中国

图3-14　美国自然历史博物馆哺乳动物巡回展(德克萨斯州立历史博物馆)/美国

图 3-15 德克萨斯州立历史博物馆/美国

  而与以上三个方面相对应的则是目前大量出现的采用表皮装饰、繁琐造型、纪念雕塑的手法,由此便导致大量单调乏味的展示空间出现。沉浸体验感的诞生首先需要展示空间引人入胜。参观者进入展示区域,需要具有吸引力的展项将观众带进展示内容。然后以生动富于趣味的展项将观众吸引其中,形成持久的沉浸体验。要做到这一点,以上述三种方式为手段则不会出现偏差。

二、设计策略

(一)综合运营

  美国"史密森学会"的博物馆和教育研究中心学者斯蒂芬·威尔(Stephen E. Weil)提出博物馆的终极目标是改善人们的生活。博物馆发展到现在面临新的转变,"只是简单的为休闲的参观者保存和展示物品已经显得远远不够了,就像图书馆一样,博物馆的使命已经从基于教育目的收集、保存更多的转变为现实意义、宣传以及社会使命上来。"[①]

  美国的众多博物馆都具有很强的社会服务意识。它们会定期举办各种各样的活动,有的是针对会员的,有的则是直接面向公众的。除了传统定期举办讲座和巡回展览活动,很多博物馆都深入发掘吸引人的活动。比如德克萨斯历史博物馆针对会员就会定期推出博物馆开放日活动,由博物馆安排专人带领参观博物馆后场,了解展柜和影院后台是如何操作的;还有带领会员参观博物馆那些面向内部员工的工作区域,参观了解博物馆运营的流程及工作情况,从而加深会员对博物馆的理解;同时还有针对当地人文历史的专业游览线路推出,让参与者对本地

---

① Polly McKenna-Cress, Janet Kamien,《Creating Exhibitions: Collaboration in the planning, Development and Design of Innovative Experiences》,John Wiley&Sons, Inc, Hoboken, New Jersey, 2013, Introduction

的人文历史有一个深刻和清晰的学习;还有针对家庭的周末工作坊,让整个家庭在富于乐趣的参与活动中获得知识;同时博物馆还积极招聘志愿者,让更多人参与到博物馆的建设中来。

另外就是博物馆的营收上,许多博物馆都比较积极主动和灵活。尽管美国的许多博物馆都会接受数量不等的捐赠,并且有很多博物馆都有政府财政支持,但是毕竟作为非赢利机构,很多博物馆在资金预算上并不是很充裕。例如2013年德克萨斯大学奥斯汀分校的自然历史博物馆就因为资金问题而一度存在裁员甚至关门的风险,而由于资金短缺,其展项老化和市场推广的欠缺也形成了恶性循环。美国大多数博物馆都会积极经营博物馆商店、博物馆餐饮以及场地租赁。并且很多博物馆这方面都经营得非常不错。很多博物馆商店的商品都比较富有特色和精致美观,达到了品质与纪念性的良好结合,尤其是结合博物馆特色所开发的商品更是调动参观者购买热情;博物馆餐饮也极为方便,有些博物馆的餐饮菜品丰富且具有一定的品质,比如华盛顿国会山游客中心博物馆就提供了丰富的饮食选择而人气旺盛;场地租赁方面,美国的博物馆也经营得不错,尤其是很多美国年轻人都热衷于在博物馆举办婚礼,这也为婚礼增添了独特的气氛。位于纽约的美国自然历史博物馆甚至推出了博物馆之夜的活动,参与者只要花上几百美元就可以在博物馆与众多奇妙的标本共度良宵。

(二)真实设计

美国著名设计理论家维克多·巴巴纳克在20世纪60年代末出版了他最著名的著作《为真实世界的设计》(Design for the real world)。提出为真实的世界而设计,尤其提到设计应该认真地考虑地球的有限资源使用问题,设计应该为保护地球的有限资源服务。真实设计不仅是一种伦理的考量,也渐渐成为一种美学和设计潮流。具体在展示场馆设计中可以体现为真实的材料流露,摒弃多余的装饰,从材料自身的肌理出发,体现其自身的美感。比如由C&G Partners公司设计的位于纽约的犹太人遗产博物馆的自由之声展区(Museum of Jewish Heritage—Voices of Liberty Exhibit)(见图3-16)就很好地体现了这一点。整个展区没有采用任何不必要的装饰材料,连支撑展面的都是没有经过油漆粉刷或饰面处理的木板,地面也保留原来的材质,顶面进行刷黑处理。所有这些不单单使得造价节省下来,可以花在必要的地方,如为了更好地传达展示信息的展项。同时这种材质自然流露、形态真实,也传递出了一种全新的"绿色美学"。而这种设计策略在美国

图3-16　犹太人遗产博物馆的自由之声展区/美国

被广大民众广泛接受,还比如芝加哥自然历史博物馆的阿伯特——还原地球展览(Abbott Hall, Restoring Earth)也是自然材质流露和摒弃多余装饰的典型设计手法(见图3-17)。

图3-17 芝加哥自然历史博物馆·阿伯特厅——还原地球展览/美国

(三)图形语言

博物馆空间由于需要承载信息传达的任务,因此图文信息的设计就成为展陈设计的关键。人们往往将此理解为视觉传达设计,但是分析设计流程,我们可以发现博物馆展陈的视觉传达设计已经不是传统意义上简单的平面设计,而是空间图形语言。从设计流程上而言,首先由专业策展人对整个展馆从策划角度提出思路,对具体展示内容进行逻辑梳理和把控,并以此为基础同时对具体展陈设计提出方向,随后很重要的就是展陈设计的全面执行和深入需要高素质的视觉传达设计人员。他们负责对整个展示场馆进行具体展面的设计实现。而针对展陈设计的视觉传达设计是需要针对具体的图文、文物、展品、道具等展陈信息内容为基本依托的,是信息的视觉传达设计(Information Graphic Design),同时是落实到具体空间的环境的视觉传达设计(Environmental Graphic Design),也是基于营造特定参观感受的体验性的视觉传达设计(Experimental Graphic Design)。结果就是,信息的视觉传达设计诞生易读性版面;环境视觉设计的方式形成丰富的展项立体化形态;体验性的视觉传达设计催生互动性、场景化甚至舞台式氛围。比如位于华盛顿的美国印第安国家博物馆就通过整合图文信息、展品、视频的方式增强视觉信息的立体化表达(见图3-18)。还比如由RAA负责展陈设计的位于费城的美国犹太人历史国家博物馆的空间图形语言以多媒体投影的立体化方式呈现出一种十分独特的效果(见图3-19)。而多媒体互动展面由于参与性强、效果好也越来越受到重视,对于其交互界面的设计也是非常重要的(见图3-20)。

图 3-18　美国印第安国家博物馆/美国

图 3-19　美国犹太人历史国家博物馆/美国

图 3-20　菲尔德博物馆 光生物展区/美国

(四)灵活空间

美国博物馆展陈设计的空间处理普遍比较灵活,不像国内装饰化倾向比较严重。为了突出展项和方便维护,都比较注重灵活性和可调节性的展陈方式。比较突出的就是充分利用灵活的专业展柜对空间进行区分,避免过多造型堆砌,同时也避免对原有空间进行大拆大建,这种情况尤其适用于一些历史建筑。这样的博物馆在美国有很多。比如位于纽约的美国自然历史博物馆(见图3-21)、美国印第安国家博物馆(见图3-22)、纽约城市博物馆(见图3-23)。

图3-21 美国自然历史博物馆/美国

图3-22 美国印第安国家博物馆/美国

图 3-23　纽约城市博物馆/美国

另外就是提供更加方便灵活的空间组织方式。比如以空间贯通的方式处理竖向交通可能带来的不方便。在华盛顿的新闻博物馆(Newseum),费城的犹太人博物馆(National Museum of American Jewish History)都在中庭通过楼梯串联,进行了空间的有效贯通。当参观者参观完某一楼层的展区之后可以直接通过贯通的楼梯上楼继续参观,优化参观动线,有效沟通不同楼层的展示内容,减少了空间绕行带来的不方便,有效快捷、方便参观(见图 3-24)。另外就是提倡博物馆室内空间和室外空间的沟通和交流,比较常见的一种做法就是充分发掘观景平台,将城市景观引入参观人群的视线,以观光平台的设置形成新的参观节点。如在华盛顿的新闻博物馆(Newseum)(图 3-25)就在顶层展区外设置观景平台,参观者可以观览以宾夕法尼亚大街为中心的华盛顿景观,尤其可以远眺国会山以及其他美国众多政府机构建筑,同时在观景平台上设置展板介绍宾夕法尼亚大街的各个历史建筑以及一些影响美国历史进程的重大事件。如纽约的新博物馆(New Museum)、费城的国家宪法中心博物馆(National Constitution Center)等都有类似的设置。

图 3-24　美国犹太人历史国家博物馆/美国

图 3-25　新闻博物馆/美国

还有一种简单易行的方式就是突出色彩识别性,以色块划分不同展示内容。色彩的识别性是一种很好操作并且运用广泛的方式。包括日常生活中经常看到的路标,通过不同色彩区分不同的道路和景观。还有通过不同的颜色区别不同的地铁线路。在博物馆展陈设计中,很多规模比较大的、展示内容比较繁复的博物馆都会采用色彩进行不同展区的划分,从而为参观者提供方便简洁的认知性。许多博物馆都会明确地在每一个展区确定主色调作为背景,从而增强不同展区的区域划分。比如位于纽约的印第安人国家博物馆,其大面积墙面柜背景、展面在不同展区通过蓝、黄、灰、绿等颜色进行分割,清晰自然的形成不同展区。还比如位于伦敦的英国皇家自然历史博物馆更是明确采用了五种颜色对应不同的展示内容进行不同展区的划分。

(五)舞台式影院

为了营造更好的沉浸感,许多博物馆的影院设计都采用了舞台式布景的方式,视觉效果丰富,比起传统影院更加引人入胜,体验性更强。按照这种理念,不一定花费大量的造价,比如为了营造舞台效果,只需点缀一些历史元素,或者对投影进行前后错落的分屏显示处理等都会产生良好的效果。如位于费城的美国国家宪法中心博物馆的自由崛起展区(National Constitution Center-Freedom Rising)就是一个17分钟的舞台情景式影院空间(见图3-26),当观众进入影院就坐,现场由主持人带领观众进入故事情节,讲述美国民主的诞生和发展历程。投影方式也比较立体化,包括舞台中央地面投影,空间360度圆环投影,还随着情节变化,结合中央活动式圆环的升降式垂幕投影,营造丰富的视觉效果。这个空间中,现场主持人,多角度投影和移动装置相互结合,营造了很好的感官体验。图3-27所示的莫斯科的犹太人博物馆内部影院的设计也是类似的情况。

图 3-26　位于费城的美国国家宪法中心博物馆的自由崛起展区/美国

图 3-27　莫斯科犹太人博物馆/俄罗斯

　　而在沿用传统设计手法的情况下,增加投影的分块和前后层次也可以营造不错的效果。比如由专注于多媒体展项和影院设计的 BRC 设计的位于奥斯汀的德克萨斯历史博物馆的"孤星宿命"影院(The Star of Destiny)就是很好的例子。这个项目是 BRC 公司的第一个特效和4D 影院设计。影院播放 14 分钟的影片,以多通道投影、角度可变的布景、移动式装置以及雾气效果使观众沉浸其中,体会德州故事的内涵与精神。这些故事一再被这些勇敢的、热情的、勇于探索的、自豪的德州人所传颂。影院根据情节发展,分别出现不同的分屏上下移动显示不同的内容,比如在讲到德州历史上的出现的著名人物时,几个不同的人物被先后投影在不同的分屏上,而背景还有相应的投影,并且有时会相应地显示实物壁龛,效果十分丰富,再加上 4D 效果,比如电闪雷鸣、水汽效果和会动的座椅装置,观众可以获得多重体验。

三、设计要素

(一)空间布局

对于场馆设计来讲,合理的平面功能和立面布置显得尤为重要。如果处理得不得当,那么对于参观的人来说会造成不良的视觉效果。空间设置依次布局,把握参观节奏十分重要。在视觉分割处理上,需要运用比例的转换、空间形态的对比、材料的穿插以形成在平行面张弛有序、递进适度的空间节奏。图 3-28、图 3-29 所示为相关博物馆的空间布局。

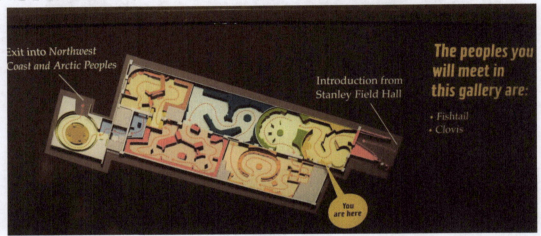

图 3-28 芝加哥自然历史博物馆动线图/美国

图 3-29 犹他州自然历史博物馆/美国

(二)艺术氛围

由于场馆展示活动都是长期固定的,并且展品多以珍贵的历史文物和文献为主,所以在设计上审美层次应从形式美感转向文化意识,从过去的为装饰而装饰或一般地创造气氛提高到对艺术风格、文化特色和美学价值的追求以及意境的创造中去,充分考虑到展示的环境空间、交通流线、照明采光、展品安全、观赏效果等,采用先进的技术手段,以既含蓄又鲜明的室内设计风格来展现自身的文化艺术内涵。图 3-30 至图 3-33 所示为不同类型的博物馆内部艺术氛围的体现。

图 3-30 苏州基金博物馆/中国

图 3-31 美国财政博物馆/美国

图 3-32　上海自然博物馆/中国

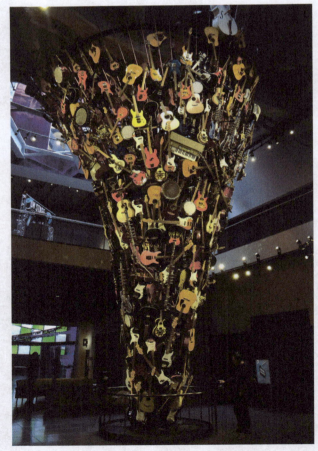

图 3-33　西雅图音乐体验博物馆(EMP)吉他旋风展项/美国

　　博物馆自身具有承载和传播文化的社会功能,并且经常是所在城市文化地图的重要一环,因此需要考虑地域特色和历史文脉。很多地域文化符号独具装饰情趣,与现代化的技术手段相结合融入博物馆室内设计的形态之中,使其体现出特有的文化特质和视觉意趣。在设计路径上,发掘当地文脉特色,尊重原有文化背景,延续历史脉络、文化格局。在室内设计风格上,提炼相应的设计元素加以融合,展现地域文化特色。比如南京六朝博物馆的三层展区在营造文化氛围方面就通过多种方式体现出江南文化圣地的氛围,尤其是地面材质营造出水墨一般的视觉形象,符合整体氛围的营造(见图3-34)。

图3-34 南京六朝博物馆/中国

(三)色彩运用

色彩在视觉传达中有先声夺人的重要作用,设计师需要运用色彩先被观众感知的特征创造性地进行色彩配置,使展示的主题得到更全面、更完美的阐述。例如象牙色、米色等细腻、温馨、精致的色彩情调就非常合适用来营造历史博物馆的氛围。另外,可以利用电子灯光技术和专业照明系统的光色效果,如光导纤维、霓虹灯扫描、荧光胶管、塑料灯带、激光技术等新兴的光电技术,产生出不同光亮的效果,对所照射物品的体积感、质地感以及整体形象的塑造都有一定的影响,或柔和含蓄,或跳跃奔放,或冷静理智,极其有效地渲染了气氛,增强展品的吸引力和感染力。如上海松江城市规划展示馆(见图3-35)就在不同展区针对不同的展示内容采用不同的色调,形成截然不同的展陈氛围,其中黄色调的历史展区就制造了厚重的氛围,产业展区则以蓝色为主色调,形成产业的气氛。

图 3-35　上海松江城市规划展示馆/中国

另外,性质迥异的展品需要在不同的环境氛围中展现自身的品质。如果色彩绚丽的展品通常需要中性或者柔和的灰性色调作为背景,而色彩单一的展品则应选用相对丰富的背景色来衬托。巧妙地运用色彩对比作用,通过展品之间,背景与展品之间的色彩烘托,使展品在观众中获得特定的良好视觉效果和心理感受(如图 3-36、图 3-37 所示)。

图 3-36　上海自然博物馆动物之家展区/中国

图 3-37　犹他州自然历史博物馆/美国

而色彩本身的视觉识别性也可以用来进行博物馆室内空间的区域划分,让参观者在纷繁复杂的展示内容的包围下可以获得较为清晰的参观逻辑。按照色彩进行展陈区域识别的方式在美国的博物馆展陈设计中很普遍,主要是通过展板大面积背景的方式形成主体色调,如美国纽约印第安人博物馆(见图 3-38)中就在不大的展陈面积中进行了若干色调的区分,主要是通过展柜和展板底板背景颜色进行了色调的划分。图 3-39 中所示位于澳洲墨尔本的土著人博物馆也是运用这种方式的很好例子。

图 3-38　纽约美国印第安人博物馆/美国

图 3-39　澳洲土著人博物馆/澳大利亚

另外一方面，确立一种博物馆的主体色调也是必要的，尤其是对于营造特定博物馆的氛围而言是一种行之有效的方式。比如位于美国休斯顿的犹太人大屠杀博物馆（见图 3-40）就以黑色为主色调，营造悲情，甚至压抑的氛围。其他城市虽然也存在大量的犹太人相关的纪念博物馆，但是由于其展陈的内容和讲述的故事不太一样，其色调选择也存在差异，如位于费城的美国犹太人国家博物馆主要反映犹太人的苦难救赎，其整体设计呈现更加积极和充满希望的氛围。

图 3-40　休斯顿犹太人大屠杀博物馆/美国

（四）多媒体技术

在展示设计尤其是场馆设计中，多媒体技术的介入从艺术形式和内容上都表现出与传统展示设计完全不同的走向。它所呈现出的互动性、虚拟性、综合性、娱乐性等多种独特的艺术特征推动了展示设计的新发展。例如太仓规划展馆多媒体设计：多点触摸桌、嵌壁式投影互动模型、多媒体演示壁挂模型、声光电电脑控制舞台灯光演示模型系统等。如位于美国德克萨斯大学奥斯汀分校内的 LBJ 总统纪念博物馆内就设置了大量的多媒体互动装置，让观众在参与中更深刻地了解和学习相关历史知识。观众先进入一个弧幕影院观看相关影片（见图 3-41），了解林登·约翰逊总统的时代背景和总统相关的故事，通过影片形成对于总统的直观认识。图 3-42 中所示军情观察室多媒体互动桌就是一个很好的例子，当观众靠近桌子的时候，电话铃声响起，观众接听总统来电的录音，接着观众还可以点按互动触摸桌上的决策选项，同时可以查看每种不同的选项可能会导致的结果。图 3-43、图 3-44 也是观众可以互动参与获得较好参观体验的很好例子。

图3-41 LBJ总统纪念博物馆弧形影院/美国

图3-42 LBJ总统纪念博物馆总统来电互动展项/美国

图 3-43　约克郡巧克力博物馆互动展项/英国

图 3-44　米兰世博会日本馆互动展项/意大利

四、设计流程

任何展示活动都要有一个基本的操作程序，从展示设计的工作流程来讲，一般包括前期策划、概念设计、设计深化、施工布展几个阶段。

通常设计流程一般包括前期概念到后期深化设计。每个公司会有所不同,但最基本的都比较类似。比如曾经设计过上海科技馆展陈设计的 FORREC 公司就将设计划分为规划阶段(Programming)、概念阶段(Concept Design)、设计深化(Design Development)和现场设计监督(On-Site Design Supervision)几个阶段。前期规划阶段与客户团队进行合作从而确定项目目标以及功能需求。通常还会制作各种模型以检测项目功能和财务预算。在概念设计阶段,众多创意想法将会整合到一个综合的主题性故事线索之中。这些想法将会以文字和视觉的形式进行表达。一系列彩色渲染图将会表现观众如何体验,并分析观众服务设施和各种复杂的实际细节。在设计深化阶段,关注的重点在于将概念想法转化为可实施性设计。而这一阶段也伴随着施工图的绘制以及后期的现场指导和监督。

(一)前期策划

室内展示设计由于信息传播的属性,形式更多地服务于内容,前期策划对设计的定性具有决定性意义。展示策划是展示活动的第一环节,直接影响着展示活动的视觉传达、效果沟通以及审美价值和文化品位。当今大型展览馆设计具有特殊性,已与传统的展示设计有了很大区别,越来越体现出综合性和专业性的特点,跨界越来越成为展示设计的普遍共识。另外在专业知识界限模糊之外,展示设计流程的把控也面临新的挑战,从前期接触客户到资料调研、设计创意、设计控制、现场效果等方面,展示设计都离不开策划设计的介入。因此有公司将策划设计的概念外延扩大,以策划创意设计整合所有设计专业人员,从而良好整合公司的设计能力与工作效率。如上海龙展装饰工程有限公司明确将展示设计部门作为公司三大基本运营构成部门,即展示创意设计团队、项目实施管理团队、客户服务团队,形成以项目为核心的有机统一。其本质是大策划设计的概念,由策划设计整合构建起负责项目设计的团队构成,因此在展示创意设计团队构成上,它包括了展示文案策划、展示空间设计、展示多媒体交互设计、视觉传达设计等多方面。

(二)概念设计

在概念设计阶段,相关学科的跨界整合主要体现在如何将众多创意想法整合到综合的主题性故事线索之中。这些想法将会以文字和视觉的形式进行表达。而要达成这样的设计目标就需要有一个整合各种专业的设计团队进行协同。其中专业的跨度是其他如室内设计公司、平面设计公司、广告策划公司、动画设计公司等设计类公司都无法比拟和承担的。这就需要有一个专业策展人对此进行比较和整合,尤其是对整个方案的方向的把控能力。

以下以作者主持设计的某城市规划馆为案例进行概念设计和概念生发的具体演示(见图3-45至图3-48)。

 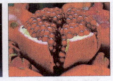

● 璞玉

"打开的美丽璞玉"

外表质朴、内涵丰富

● 石榴

一抹鲜活的石榴红引人入胜
最富特色的形态是：
朴素的表皮包裹＋精美的单元组合

图 3-45 某规划馆室内展陈设计概念

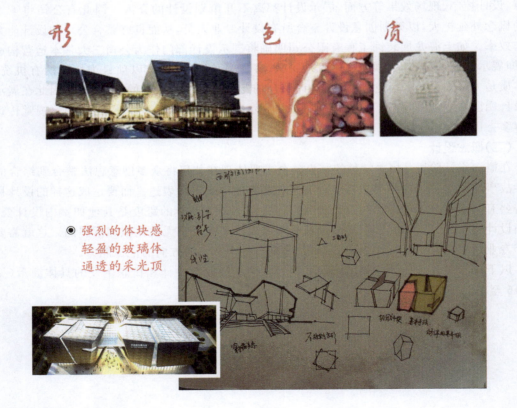

形　　　色　　　质

● 强烈的体块感
　轻盈的玻璃体
　通透的采光顶

图 3-46　某规划馆室内展陈设计之形、色、质

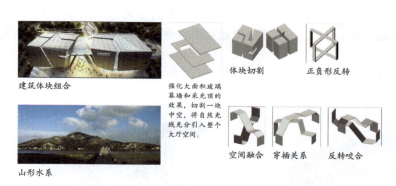

图 3-47　某规划馆室内展陈设计之形态推演

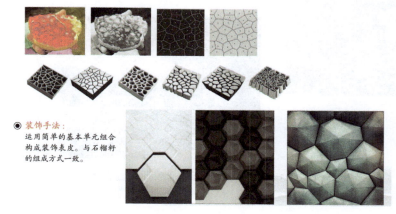

图 3-48　某规划馆室内展陈设计之表皮设计

(三)设计深化

在设计深化阶段,需要转变传统观念,打破专业界限,尤其是对于深化的具体实施人员的专业要求而言,需要跨越自身学科专业界限。在这一阶段,关注的重点在于将概念想法转化为

可实施性设计。这一阶段也伴随施工图的绘制以及后期的现场指导和监督。同时，展面设计师的重要性在这一阶段将更加突出，他们将与文案人员紧密合作，将确定的图文信息按照合适的方式进行展面的设计。

设计方案深化阶段，深化方案设计师在前期方案的基础上进行整合，再构思、再创造，形成具体的设计概念之后，下一步就是将这些较为粗略的各种构想和规划付诸实施，使其变成具体的形象设计。从设计深度讲，这是方案的深化过程，也是展示设计中最关键、最重要的环节。如果说前期设计方案确定了展示的总体风格，着重于整体的把握的话，那么方案的设计深化则是从各个细节体现出其风格的魅力。将前边总体设计确定的空间组织序列用实际构造付诸实施。版面、展台、模型等内容的详细造型、具体位置、尺寸、构造方式、使用的材料等都要在这里有一个明确的结果。

深化方案阶段分为装饰设计深化，展示设计深化，模型、多媒体、弱电、灯光等设计深化工作，绘制完整的施工图。具体来讲包括平面图、立面图、展示模型、展具、陈列手法、展示色彩、照明、色彩、版式、装饰图表、文字、图案、标志等。一些技术方案的设计也要出具相应的技术图纸，如灯具分布图等。这一深化的过程所得到的成果应当是按照国家有关规范绘制的内容详尽、数据化的图纸。并且所表达的对象构造关系是明晰的、合理的；尺寸正确无误，材料标注明确。

图3-49、图3-50所示为上海星湖展览有限公司的某个战争纪念馆实施项目的深化设计，作为案例演示。

>> Design Explanation
场景设计

图3-49　某战争纪念馆深化设计之场景设计

图 3-50 某战争纪念馆深化设计之立面图板

(四)施工布展

施工布展阶段主要完成编制预算、签订合同,并组织施工。展示设计是一项系统工程,更是一门功能性和可操作性很强的实用科学。出色的设计是其成功的基础,而最终效果还是要依靠优良的工程制作来实现。要将设计意图完全变成现实,还要经过编制预算、工程委托与招标、签订合同、组织施工、布展及安装调试等过程。进入这个阶段设计师都要亲临现场,检查设计理念是否落实到位,对各种文字、版面、道具、场景、音效、灯光等都要进行调试和布置,以达到设计所需要的气氛,保证设计效果的实现。设计师参与施工的过程,一方面能解决施工过程中的问题,把握展示效果;另一方面随着科学技术的发展,新的装饰材料不断涌现,参与施工能对工艺和材料做进一步了解,有利于今后设计思路的拓展(如图 3-51 所示)。

图 3-51 施工现场

五、设计范围

就设计范围而言,主要体现在整个展陈设计流程所提供的服务领域。大多数情况下设计和施工是分开的,这也体现了分工细化和专业化的趋势。通常也会类似于国内细分为专业展陈设计公司、专业建造公司、专业多媒体设计与制作公司、专业道具和模型制作公司等。但是在每一个具体领域,这些公司还会提供更细致和专业的服务。比如行业内顶尖的 RAA 公司的业务范围主要集中在设计。但是在设计这一方面还细分为:在规划阶段的财务预算、运营规划、方案概念、资金募集、材料准备、总体规划、案例分析、项目管控、建造和材料选样、场地评估与协调等;设计阶段涵盖建筑调整、艺术指导、视觉设计、品牌与视觉识别、内容规划、展陈设计、餐饮服务设计、室内设计、零售设计、文本写作和导视设计等;媒体设计部分则包括艺术指导、概念故事板、文本写作、动画制作与编辑、执行媒体制作、互动设计、手机 App 设计、摄影摄像、用户界面设计、用户体验设计、网页设计等诸多方面。

另外也有一些展陈设计公司以设计实施和道具制作的能力见长。比如从业超过 20 年的 Weldon Exhibits 就是典型代表。其强大的道具、场景制作和安装能力使其在业内具有较高的知名度。

还有一些公司将业务范围集中在专业的展项设计上。而往往正是由于互动参与展项才使得博物馆具有生机与活力,尤其是一些特定类型的面向小孩的博物馆就显得更为重要。比如位于佛罗里达州的 Hands On 公司就专注于一些吸引人参与体验的创新展项上着力探索,该公司尤其擅长于儿童博物馆、科技博物馆、探索中心等项目,并在这一领域完成了许多出色的项目。

每个展示设计公司的业务类型也会有所不同,但是相较于其他设计行业而言,博物馆展陈设计毕竟是一个小众行业,大多数公司都不会只是局限于某一个领域的展陈设计,而是跨越面较广。设计包括艺术博物馆、专题博物馆、人文历史博物馆、自然历史博物馆等广泛领域。只是由于一定的业务积累,有些公司可能会在业内形成在某一特定领域比较突出的口碑。

另外,基于业务和经营范围的考虑,有一些公司也会在国际化上走得比较远。有的在其他国家成立办公室或分公司,有的基于业务拓展寻找国际合作伙伴。比如 Gallagher & Associates 与南京百会装饰工程有限公司建立合作,于 2009 年在上海注册,致力于国际、国内大型博物馆、科技馆展示项目的规划与设计、工程承建与实施、多媒体设计与制作以及会展策划与咨询。有的基于自身专业水平在擅长领域建立起跨国际的合作关系。比如总部位于伦敦的从业已经超过 25 年的 MET Studio 就与两家世界著名的展品与模型制作公司合作,成立合资公司,分别是总部设在旧金山的 Academy Studios International 和荷兰的展览专业承包公司——Hypsos。

第四章 运营设计

博物馆展陈设计本身是一门学科跨界的设计。针对其设计流程而言,只有打破专业界限,进行多种专业的良好分工合作才能将博物馆展陈设计呈现出合理的效果。博物馆运营一直是目前国内博物馆展陈设计公司比较忽视的环节。在目前国内博物馆展陈设计市场细分还不够充分的情况之下,专业的博物馆展陈设计公司对此进行深入研究,并梳理出合理的博物馆运营思路将十分有利于博物馆行业的运营。

国内现在的博物馆设计造价一般不菲,在重金打造的情况之下,如果不对其进行良好的使用,必然造成资源的极大浪费,需要仔细研究博物馆的运营设计,从而形成对博物馆高效使用的局面。

各地兴起的博物馆热体现了政府对于博物馆的重视,体现了政府和公众对于博物馆基本功能的认知。目前的趋势是博物馆越来越具有复合的功能,不仅仅主要体现教育、传递知识、收藏研究文物的功能,尤其是基于目前大多数博物馆都是主题类的博物馆,它所传递的功能不再单单局限于我们传统的认知。在满足博物馆基本功能的情况之下还要担负起作为一个城市的精神家园和城市客厅的需求,甚至还要肩负当地休闲旅游的功能。因此通常而言,除了传统的基本功能之外,博物馆的功能还需要体现在以下方面:游客接待中心功能,对于当地旅游相关的辐射和带动;历史文化第二课堂的功能,尤其对于青少年的吸引力的建构;市民休闲中心功能,国内的博物馆常常位于市区,其交通可达,人员辐射广泛,可以作为市民休闲的好去处。

一、博物馆推广

博物馆的形象推广是博物馆可以汇聚人气的前提条件,如果博物馆养在深闺,无人问津,那么博物馆的设计基本上是浪费的。在博物馆的推广策略上,可以形成一定的思路。

主题设计大赛是一项成本较低,可控性强的推广策略。就目前网络的普及和发达,它所传递信息的广泛度肯定是普通媒体所不能及的。并且现在各种各样的专业和公众的网站十分丰富,适合通过多渠道网站进行全方位的推广。目前比较流行的做法之一就是借助于大型设计类的门户网站进行形象推广。比如山东博物馆在2013年就在视觉中国网站上进行面向全国的博物馆标识和博物馆旅游纪念品设计比赛。其只需要投入几万参赛奖金就可以达到覆盖全国的形象推广。同时还可以征集到富有创意想法的设计作品。有些比赛甚至会更多地借助媒体到全国多所设计院校进行全国设计擂台赛的宣讲,从而形成更加有效的形象推广。博物馆宣传走进学校也是对于未来社会设计师群体的宣传推广,也是一种具有长远意义的考量。图4-1所示为视觉中国网站上一些博物馆组织的相关创意设计大赛。

图 4-1　博物馆组织的相关设计大赛/中国

另外在媒体推广这一块可以依托所在区域实施整体宣传策略,可酌情定制一些符合自身需求的推广宣传手段。现在通用的做法就是在该博物馆周边区域城市中,通过市内灯箱、三面翻等形式的广告进行宣传;通过周边高速道路旁高炮广告牌等户外广告进行宣传;通过知名报纸、杂志进行软文推广;利用新媒体(门户网站、旅游类知名网站)进行推广;在电视台、电台上进行广告宣传等。而目前手机功能越来越强大,尤其是各种应用十分发达,博物馆的推广也可以结合这一趋势开发一些适用性的手机应用,方便用户。如图4-2所示就是芝加哥菲尔德博物馆开发的手机应用界面,清晰简明的将博物馆的几个主要展区介绍给观众。

所有这些宣传推广活动无外乎就是为了营造一种让目标客户认知的效果。但是在所有的营销手段中,口碑营销是一种级别更高,也最为稳定和持久的营销。这种营销涉及的因素不单单只是取决于宣传推广活动本身,更多的是由于博物馆自身的展陈内容和方式令人难忘,让参观者获得了深刻的体验。从而形成口口相传,美誉度传播的良好效应。而博物馆自身的口碑营销也会带来更为深广的影响。对于博物馆口碑效应可以细分为多重热度:对博物馆宣扬的其所代表的典型文化的宣传推广作用;对博物馆所在城市精神提升和宣传热度的提升;对博物馆所在区域的文化产业的示范拉动作用;对博物馆所在区域的文化旅游的引领作用等。图4-3所示为某博物馆作的外部口碑效应分析。

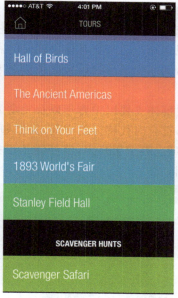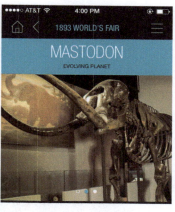

图 4-2 菲尔德博物馆手机应用/美国

图 4-3 某博物馆口碑效应分析

二、博物馆营收

博物馆营收在国内普遍做得不太成熟,也没有相应地引起重视,这一点和博物馆行业十分发达的美国相比较而言差距很大。美国的博物馆基本上都会采用各种办法增加博物馆的收益。无论是公立博物馆、私立博物馆还是相关机构主办的博物馆都会将博物馆的营收放在比较重要的位置,在服务大众的同时也增加博物馆的收益,形成了双赢的良好局面。针对国内博物馆基本上都是公立的现实,要扭转经营思路,打破坐等靠的传统惯性,需要从多方面入手。

目前可以进行设置的营收项目包括以下场所:

(1)品茶室:基于博物馆往往都承载一定的文化特性,有些博物馆甚至直接坐落在旅游度假区,兼具旅游功能,游客在参观博物馆之际会有休憩驻足的需求,设置品茶室,给游客提供普通茶饮、中式茗茶以及相关茶具,既体现了博物馆文化休闲的功能,也可以给博物馆带来常态性收益。

(2)咖啡厅:针对游客的主要群体主要以中青年以及儿童为主体,品茶的吸引力明显不足。配置咖啡厅,设计风格现代简约,符合时代特征的空间,提供如西式咖啡、各类简餐以及相关小吃(冰淇淋、爆米花、三明治等),可以吸引年轻人,给博物馆带来稳定的收益。图4-4所示为菲尔德博物馆咖啡区内部实景图。

图4-4　菲尔德博物馆(The Filed Museum)咖啡区/美国

(3)博物馆衍生品商店:针对博物馆展品开发一系列相关展品,设立博物馆衍生品商店,售卖博物馆纪念品(博物馆主题LOGO相关的日用品以及文化用品,如茶杯、文具等)、民俗特产、文化相关书籍画册以及馆内编辑出版的风俗物产方面的图书等,可以保持博物馆常规经营收入。另外针对国人喜欢随手给亲戚朋友购买礼物的习惯,可以借鉴台湾地区已经成熟的"伴手礼"的概念,设计开发一系列比较精致、美观的适合送礼的产品,也会带来不错的营收效果。图4-5至4-8为不同博物馆商店区实景图。

067 | 第四章 运营设计

图 4-5　新闻博物馆商店/美国

图 4-6　美国国家印第安人博物馆商店/美国

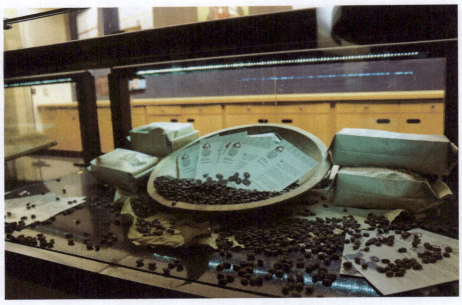

图 4-7　美国国家印第安人博物馆商店/美国

图 4-8　上海自然历史博物馆商店/中国

（4）文化讲堂：博物馆所体现的文化一般源远流长，在博物馆相关区域开辟文化讲堂空间，平时邀请知名文化学者进行相关文化学术讲座，或组织相关民俗专题研讨会，一方面丰富博物馆文化内涵，另外还可提升博物馆知名度和传播影响力。

（5）临时展览：一般而言，博物馆周边通常都会有各类临时展览的需求，在博物馆相关区域设置临展区域，通过接纳书法展、绘画展、工艺品展以及其他主题性展览，既能充实博物馆自有展示空间，又可以为博物馆带来新渠道的收入。

(6)博物馆场馆租赁:鉴于博物馆空间一般比较充裕,并且基于其特殊的文化氛围,可以将其市场化,秉承多样化的经营思路,可以在举办临展的基础上,可考虑进行场地租赁,作为宴席、婚寿宴、新书发布会等各类活动的举办场所。图4-9至图4-11所示即为相关博物馆场馆租赁现场。

图4-9 美国国家自然历史博物馆/美国

图4-10 美国国家海军陆战队博物馆/美国

图 4-11　成都非物质文化遗产博物馆商业街区/中国

三、场馆维护

为确保场馆和设施经久如新，博物馆必须制定长期有效的维护方案。博物馆高效的设施管理除了要保证资产稳定，观众安全、舒适之外，还需考虑维护工作是否符合法律要求，设备是否高质耐用，成本与资源是否最优化，是否贯彻可持续指导方针，以及是否有损博物馆声誉等。只有在总体规划指导下开展常规性维护工作，博物馆才能成为藏品、员工及观众的安全殿堂。

国内可以借鉴目前比较成熟的欧美体系，以下内容根据《ICOM 资讯》2012 年 12 月刊的内容整理，介绍了加拿大魁北克国家艺术博物馆的场馆维护经验。

2011 年 2 月，加拿大魁北克国家艺术博物馆即出台了详尽的维护规划。物资部主任、维护组负责人、职业工程师克劳德·拉泊博（Claude Lapouble）向我们介绍了该馆如何解决监测、预警、介入等方面的问题。

"博物馆拥有一个由美国霍尼韦尔技术与生产公司研发的集中式自动化系统。当数据低于或超出标准值时，该系统能根据预先编订的程序，通过信息管理平台发出预警，告知系统运行及核心设备出现的状况，尤其是博物馆 12 个展厅及 8 个艺术库房内设备的情况。"

预警信息将发送到 2 位维护人员、大楼管理员及 24 小时严阵以待的安全控制员处。"如果警报系统在夜间启动，现场巡视的保安可与其中一位维护人员随时联系，特殊情况下还可报告大楼管理员。根据签订的维护合同，依问题的性质和严重程度，必要时还需 1 位霍尼韦尔公司技术人员 1 小时内到达现场。"

每一件新藏品的入库都需考虑维护条件。出于安全和可靠性考虑，所有物品都需与系统兼容，以便联网随时监控。魁北克国家艺术博物馆一般自己可解决新材料兼容的问题，但在设备需要特殊维护的情况下，博物馆会另签约外部供应商，以保证维护工作的高效与安全。

（1）质量控制：根据重要程度，魁北克国家艺术博物馆为所有设备都制定了预防性维护计划。"按照预先计划，那些对空气质量和场馆环境稳定性要求较高的设备优先监控。其他一些重要的设备也纳入预防性维护计划优先范围,如电梯、发电机、监控系统、制冷制热循环水系统等。"拉泊博介绍说。

节能也同样受到高度重视。"我们通过集中式自动化系统控制照明、制热、空调、新鲜空气与 CO_2 比例等。"同时,为减少能耗,博物馆还对每年采取的措施进行了详细记录。"我们的场馆都建于 1870—1930 年间,并不环保,所以制冷制热等比新建筑要耗费更多,特别是在魁北克寒冷的冬季。"

博物馆维护组由两位维护人员构成,受大楼管理员监管。拉泊博是小组负责人。维护组上班时间为周一至周五上午 7 点到下午 4 点。博物馆所有电力、主要管道、专项控制和工程工作已外包给外部公司,物资部门负责以上及其他维修合同经费的预算和执行。

"集中式控制、安全系统、门禁控制 3 个与霍尼韦尔公司签订的合同最为重要。冷却装置、热水器、电梯、水处理设备、发电机及一些卫生间设备等维护工作均部分外包,所以外部公司的维修人员会在周末来馆巡查。"

(2)挑战与改进:"我们目前最大的挑战是如何确保符合博物馆环境标准。博物馆向来以能够为艺术品提供最理想、最可靠、可控制的存放环境而骄傲,我们也需要让出借方放心。但我们的弱点是在夏日热浪期——是的,魁北克也有热浪期——所有的 5 台制冷机都在全功率运作。如有一台损坏,我们必须在 4 小时之内完成修理,这样才不会影响到整体环境。"因设备老化,博物馆已经决定采购一批新制冷设备,确保在特殊情况下依然能保证后备充足。据拉泊博介绍,目前,博物馆的安保、门禁控制、监测系统等均采用最尖端设备,并配备有各种完善的维护计划。

同时,博物馆也在不断寻求改进流程的办法。"如有改进机会,我们会组织小型工作组,成员包括这一问题可能涉及或参与的人员,有时也会邀请外部人员加入。我们还会请分包商维修人员在约定时间来馆,这样会方便我们的维修人员到现场进行学习。"

拉泊博还介绍说,加强博物馆内部专业力量能够使集中化控制、安全系统等的维护更加便利,很多维修项目可自行解决,无需外包。如此一来,即使在新增一位技术员的情况下,博物馆仍可节省开支。这是一个管理抉择。随着 3 年后未来馆和博物馆建筑群的落成,博物馆设施规模将扩大一倍,届时,对检测控制技师的需求就会更明显。"

(3)专家建议:托马斯·韦斯特卡普(Thomas Westerkamp),顾问、讲师,著有《设备维护经理标准手册》等。

博物馆设备管理旨在为藏品提供安全稳定的场所,为观众、赞助人等创造友好的环境。因此,对组织、系统、成本控制这 3 个方面定期评估是成功的关键。

①组织:组织结构应考虑逻辑、沟通和平衡等因素。小型设备部门适宜采纳线型结构,而规模较大的部门则适宜采纳线型与职能相结合的组织结构。技术员应拥有各种技能并定期接受培训,特别是安全、保护、可持续性、设备全周期管理等方面的培训。

②系统:博物馆保存过去以便今人观看与理解。维护系统同样如此。通过工单系统(记录工作请求与状态的系统)存储的设备历史数据,我们能够检测每次修复、人力与材料使用的情况,进而提高设备功能,控制周期成本,节约能源等。小型设备可采用简单的"日志系统"来记录和控制服务请求,而大型设备则需更全面的工单系统或计算机化的设备管理系统。跟踪性能、记录改进意见、沟通进程均是管理的重要构成部分。

③成本控制:早期科学管理拥护者弗雷德里克·泰勒(Frederick Taylor)认为,当个人工

作职责明确、工作方法明确、时间范围明确时,生产量最高。这一原则可为我们成本控制带来启发。性能测试是连接组织与系统的粘合剂,也是持续改进的动力。每次投入都会节约更多的开支,也会为下一次提高找到新的资源。

四、场馆管理

根据维基百科博物馆词条的描述,博物馆的管理在很大程度上取决于博物馆机构的规模,但每个博物馆都应该有一个具有一定层级关系的董事会进行管理。博物馆主任则对董事会负责具体的工作,实现博物馆的使命,确保博物馆对公众负责。博物馆的战略计划、规章制度等都应该为此服务。这方面,美国的博物馆行业就比较完善,比如,美国博物馆联盟(AAM)就制定了一系列的标准以指导博物馆的管理运营。但是不幸的是许多小型博物馆并不能获得这项指导,因为美国博物馆联盟的认证体系规定一个博物馆的年度预算必须不低于25000美金。博物馆管理层的变动将最终影响到博物馆的场馆运营维护,因为不同的领导者会有不同的思想理念。而博物馆内不同的岗位人员负责具体实施由董事会和主任制定的政策。这些岗位包括策展人、藏品管理员/登记员、公共项目人/教育者、展陈设计师、建筑运营员。

(1)策展人主要负责研究藏品并且撰写展览文本,对于一些较大的机构而言,可能每一项藏品都会分配策展人,比如现代艺术策展人、自然历史策展人、家具策展人等。

(2)藏品管理员/登记员主要负责对博物馆藏品进行保存和维护、跟踪博物馆物品的进出(包括馆际互借)、在数据库中记录如物品出处的基本信息、监督物品登记入册的过程、记录入册编号等。

(3)公共项目人/教育者设计公众参与互动项目、监管志愿者和讲解员。根据每个博物馆的不同,公共项目人/教育者可能还需要研究藏品并撰写展览文本。公共项目人/教育者与董事会、主任和策展人紧密合作以保证公众需求得以满足。

(4)展陈设计师在策展人和藏品管理员的指导下设计并完成展陈的搭建。他们对于创建适合观众参观的展陈空间至关重要。

(5)建筑运营员监管博物馆的安全和后勤维护。在一些大型的博物馆中,建筑运营员还需要和藏品管理员合作以保证博物馆的温度和适度被控制在合适的程度,从而保证物品的稳定。

因此,博物馆的运营设计是一项长期而又系统的工程,涉及到多个方面,需要多方协调。而目前随着专业化的分工不断细化,也有一些博物馆服务公司为博物馆提供专业、高效、全面的服务,这方面尤其在美国较为成熟。有针对专业博物馆提供展项搭建服务的供应商、有针对博物馆的商店、餐饮等营收提供设备的供应商、还有为博物馆的管理提供资讯服务的公司。

比如成立于1999年的位于美国纽约的Museum Planning公司就是一个针对博物馆规划和展陈设计的全方位服务商。其业务经营范围比较广泛,包括博物馆可行性研究、博物馆战略规划、博物馆总体规划、博物馆展陈规划和设计、博物馆项目管理、藏品管理、艺术品管理、陈列安装等。这些服务涉及到博物馆运营的方方面面,其中尤其是在博物馆项目管理、收藏管理、展览安装这几项均可以为博物馆的运营设计解决实际问题。在博物馆的项目管理方面:新项目由项目管理办公室管理,由个别部门或外包给独立的企业或个人,可以根据项目成立临时小组开发独特的产品、服务;收藏管理:协助组装、收集、记录物品、注册和存储物品;艺术处理:包装、装箱、运输和安装艺术和文物,保证他们的安全;展览的安装:运输、开箱、安装、艺术指导以及照明、抗震、电气连接和安全问题。

还有成立于1993年位于美国加州伯班克的Manask & Associates公司专业致力于为博

物馆之类的文化机构提供餐饮服务和礼品商店的专业解决方案,为博物馆的餐厅、餐饮区、设备租赁、纪念品商店进行提升并增加人气,从而改善其经营状况。在食品、饮料、设备租赁方面业务具体体现在:需求评估、自营和外包、合同谈判和合同执行、扩张/改造规划、设备租赁、特别活动和餐饮服务、市场调查和客户偏好的调查、食品安全和卫生、可持续实践、金融/合同评估;在礼品商店方面包括:需求评估、自营和外包、店面布局和改善、客户服务和销售培训、商店经理选择、线上销售和线下商店、可持续实践。

还比如位于美国旧金山的 MMC 就致力于帮助博物馆之类的文化机构如何在这个瞬息万变和竞争激烈的社会中立于不败之地。这家公司成立于 1987 年,专业领域包括组织评估、机构规划、高管猎头(包括执行董事、副董事、开发主管、其他部门主管等)、受众研究、专业指导和董事会发展。

总而言之,博物馆展陈设计的目的还是为了让博物馆具有持久的生命力。为了达到可持续经营和口碑广为传播的效果,就不能只是在展陈设计上进行设计,必须打破专业界限,进行学科跨界,以可持续发展思路在博物馆营销推广和营收上进行分析,真正达到博物馆自我造血和口口相传的良好效应。

第五章 博物馆展陈设计课程

虽然一般将博物馆室内空间归属于室内设计的范畴,但是由于这种类型的空间具有很强的特殊性,出于空间形式服务于展陈内容的需要,其设计所要解决的问题与一般室内空间不太一样。其特殊性导致其设计出现专业跨界的特征,专业要求已经不同程度地超出了室内设计专业之外。基于这样的特征,博物馆室内展陈设计项目可以作为室内设计专业高年级学生室内设计工作室的训练项目,学生们在掌握了室内设计的一般流程和方法后,通过此项目进行一定的专业拓展。

一、课程设计

本课程属于室内设计专业高年级学生的专题设计。主题类博物馆是反映特定主题、服务特定内容、传递特定知识的博物馆空间设计,不同于传统学术类的博物馆空间设计。通过本课题的学习,了解主题类博物馆设计的前期策划及博物馆展陈的总体设计,巩固基本知识,掌握博物馆室内展陈设计的流程与表达方法,提高方案能力。能独立完成博物馆展陈设计任务,提高自己的设计能力和动手能力。

1. 项目名称:主题类博物馆空间设计
2. 项目内容:战争事件的主题类博物馆室内空间规划与展示陈列设计
3. 项目时间:160课时
4. 训练目的:通过一个特定主题的室内空间的设计,让学生掌握基本的室内设计流程,熟悉室内设计的表达方法,培养设计方案陈述能力。
5. 教学方式:主题教学法形成情景预设,注重引导、明确方向,提高课程学习的效率。邀请其他教师针对性地介入,集中讲解、阶段性的公开评图与桌面辅导相结合。
6. 教学要求:教学手段多样、因材施教。案例教学为主,注重实际操作。
7. 作业要求:

(1)A3设计报告书:设计项目工作进度计划;设计小组任务分工示意图;方案设计过程草图与效果图表达;施工图纸一套。

(2)课程所有文件电子文档:总文件夹以姓名的汉语拼音及学号命名,各项内容分别设置子文件夹(包括设计报告书、效果图、模型照片等),完成后统一上交。

二、课程案例

(一)911纪念馆

911袭击发生后,很快就有人提议建造一个纪念馆,来纪念受害者和参与救援的人。2002年,纽约市与纽约州共同组建了曼哈顿下城开发公司,负责世贸双子楼所在地曼哈顿下城地区的重建与恢复工作。

911纪念馆(见图5-1)是为纪念美国世贸中心双子楼2001年9月11日被撞击和1993年遭受炸弹恐怖袭击而建造的纪念性博物馆,讲述了关于逝去和重生的故事,启发人们建设更

图 5-1　911 纪念馆及遗址公园/美国

好的未来。

　　该建筑由以色列建筑师迈克·阿拉德(Michael Arad)设计,其含义为"倒影缺失"(Reflecting Absence)。内部展陈由位于纽约的 THINC 展陈设计公司设计(见图 5-2)。THINC 是业内非常知名的展陈设计公司,2015 年的 Milan 世博会美国馆的内部展陈也是由该公司设计,其在展陈设计业内具有很强的实力。

图5-2　911纪念馆内部空间/美国

参观者首先从地面层经过缓和的楼梯，进入博物馆地下主展区，人们将经过各种幸存物，包括逃生通道、支撑大厦的结构钢架等。展示内容包括911的背景、过程、后续以及其带来的影响。博物馆收藏了大约10313件文物，包括2136件档案文献和37件大型文物，如首先进入救援的车辆和场地幸存的巨型建筑钢架。藏品还包括大量的照片、声频、视频、私人物品、纪念品、电子文件等，如图5-3所示。

图 5-3　911 纪念博物馆展陈设计/美国

911 纪念博物馆展陈设计中直接保留具有故事背景的实物,并且放大他们自身的精彩,仿佛就像在与参观者对话。图中的消防车是当时参与现场全力营救的遗留物。这些都是真实和回归本原的设计方式。当展品被营造得很有吸引力的时候,室内空间的处理,尤其是室内设计师经常关注的表皮的处理、顶面管线的隐藏、柱子的规避都已经不是什么问题了。空间中根本没有任何装饰或造型的处理,灯光也是以突出实物展项为核心。多媒体投影也只是起到对实物展示的补充说明作用。该案例属于以舞台式设计方式处理展陈空间的的良好范例。

（二）新闻博物馆

新闻博物馆的英文名字"NEWSEUM"是一个自造词,是"News"和"Museum"的合写。新闻博物馆是美国顶尖的 RAAY 设计公司的最新力作,对其进行研究有助于对美国最新的展示场馆设计动向进行分析和理解。该博物馆位于美国华盛顿宾夕法尼亚大道 555 号,整个博物馆使用面积 300000 平方英尺,整个工程造价大约 2.5 亿美元,新闻博物馆展陈设计如图 5-4、图 5-5 所示。

图 5-4 新闻博物馆建筑及入口空间/美国

图 5-5 新闻博物馆展陈设计/美国

新闻博物馆是美国首个针对新闻的互动式博物馆。整个博物馆通过大量的多媒体设备、互动平台和空间处理营造了让人印象深刻的博物馆展陈空间。室内展陈占据整个七层建筑，每一层都规划了丰富的互动展品，带领参观者探索新闻是如何影响了那些人们共同见证过的历史时刻。该博物馆包含15间影院、15间画廊和超过25个展览空间。除了主要展览区域之外，博物馆还设置了两个电视广播工作室，可以让参观者真实地感受到新闻媒体制作的场景和过程。另外辅助用房还包括会议中心、礼品店、餐厅、行政管理用房。该博物馆还提供了非常汇集人气的其他展览配套服务，比如在履行博物馆教育功能的时候，新闻博物馆全年为学生提供由教育家主讲的课堂，不收取额外费用。

另外还设置有饮食区和商店（见图5-6、图5-7）。餐饮区域设置在地下一层，从流线上来说不影响整个参观节奏。但是由于中庭的设置，参观者可以通过中庭很好地发现餐饮区的位置。对于参观者来说，餐饮区不仅仅提供就餐服务，同时也是一个休闲的好去处，参观疲劳的时候就可以在这一区域休息。而餐饮区的设计以专业的角度营造了舒适丰富的展馆餐饮空间。博物馆商店和餐厅在美国各大主要博物馆都经营得不错，既方便了消费者，也增加了博物馆收入。而且大多数博物馆还提供场地租赁服务，以市场化方式为博物馆提供资金来源。另外导览服务也为参观提供了方便。由博物馆人员提供的导览服务，进一步提升了参观者在新闻博物馆的体验。参观者可以从多种主题游中选择一种，深度品评特定展览，或者参与其完全定制的游览路线。

图5-6　新闻博物馆餐饮区/美国

图 5-7　新闻博物馆商店/美国

三、课程知识点

（一）博物馆室内展陈设计的兴起

中国经济的快速发展引发了国内博物馆行业的井喷，近些年来，许多城市都着力建造文化类设施，各种类型的博物馆成为每个城市竞相花费重金进行建设的目标。以国内展览馆设计的龙头企业——上海风语筑展览有限公司为例，2009 年 9 月至 2010 年 8 月，其销售额达 1.6 亿元，年度销售增长率达 23%，快速成长为设计行业的巨人。

另一方面，对博物馆展陈设计行业自身而言，伴随世博会在中国举办，博物馆展陈设计的先进理念与高新技术手段都得到了广泛的普及，以往靠新奇技术取胜的设计方式已经很难赢得市场。而大量展示场馆建设的逐渐饱和市场的激烈竞争也带来了展示设计行业整合化和规范化的态势。在这种背景下，对于展示设计企业自身来说，在设计流程上的研究成为企业提升自身核心竞争力的重要手段。

这一方面是由行业的特殊性所决定的，一般展示场馆内大量存在的现实是政府行为成为主导，一些展示场馆都带有很强的政府任务，时间安排比较紧张，短时间进行方案的前期策划就显得尤为重要。

具体到诸多博物馆展陈设计公司，它们都将良好的参观体验放在首要位置。要吸引观众就需要有故事情节和良好体验，以此激发观众的想象并触发其对新知识的探索渴望，需要营造能够使不同年龄段观众兴奋的、持久的、互动的、具教育意义的体验。比如英国的 MET Studio 就将能引起观众思想和情感上的共鸣，"以最有效的方式传达信息"作为公司展陈设计的基本理念。同时，随着消费者意识的不断提升，设计师需要用日趋先进的技术提供体验感受。当五彩缤纷的多媒体震撼效果让观众目瞪口呆时，他们会产生强烈的渴望去探究真实情况。计算机绘图和虚拟现实技术的不断进步也为参观体验带来了全新的契机。

其次，针对专业展陈设计公司而言，要善于找到不同学科的结合点。这是基于博物馆展陈设计的特殊性而言的,博物馆展陈设计永远是为展示内容服务的,即针对不同类型的博物馆就需要积累大量的相关专业知识。而不同类型的博物馆可以说专业跨度是很大的,比如 Weldon Exhibits 公司(见图 5-28)这方面就做得很好,其业务范围跨越自然历史博物馆、艺术博物馆、动物园、海洋世界、游客中心、企业馆等诸多方面,并且还提供展陈设计、展陈施工、各种模型制作等广泛的服务。如果不善于找到不同学科类型博物馆的结合点,可能很难让公司在业务上具有竞争力。

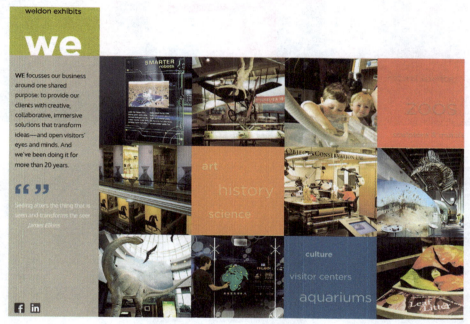

图 5-8　Weldon 官网/美国

(二)主题类博物馆

随着社会、文化、科技的多元化发展,博物馆的数量和种类越来越多,展览内容的专属性和服务人群的细化也成为博物馆展陈设计的的必然趋势,博物馆的展示运作正朝着专业化、市场化、人性化的方向发展。其中主题类博物馆种类居多,如自然博物馆、战争博物馆、通史博物馆、科技博物馆等。这些场馆虽然风格不一、千姿百态,但是都遵循了和谐统一的设计风格,以突出表现展品、传播社会文化为主要目的,如图 5-9 至图 5-13 所示。

图 5-9　达拉斯自然历史博物馆/美国

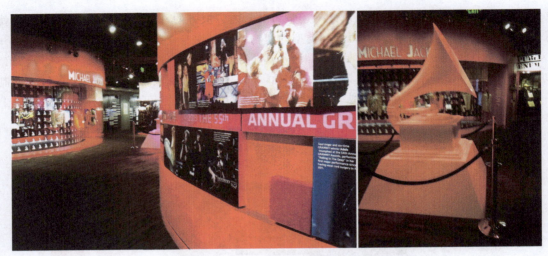

图 5-10 洛杉矶格莱美博物馆/美国

图 5-11 杭州良渚博物馆/中国

图 5-12 成都非物质文化遗产博物馆/中国

图 5-13　上海嘉定汽车博物馆/中国

传统博物馆展陈设计很多都是简单地停留在传统学术类的展陈方式,尤其是很大一部分的展陈设计还是简单地从装饰装修的角度进行操作,这样所导致的结果就是展陈效果比较简单无趣,从而让参观者丧失参观的兴趣和动力。

而只有规避这些问题才能构筑持续的吸引力和营造良好的参观体验。比如美国国家宪法中心博物馆就充分发掘美国宪法精神,在博物馆中设置了多处观众可以参与的场景,让参观者身临其境感受美国宪法的伟大精神。如设置的美国总统就职演说台(见图 5-14),观众可以站在演说台前发言,真实领略美国总统的角色。还比如其中设置的民主崛起 360 度多媒体影院(见图 5-15)更是通过互动多媒体和真实主持人将观众带入美国宪法精神体验的高潮。又如 2015 年开馆的上海自然博物馆生命长河展区(见图 5-16)完全摒弃不必要的装饰,将展品即动物标本作为展示的核心,从空间、材质、灯光各方面对其进行衬托,从而最大程度地突出展示内容。

图 5-14　美国宪法中心博物馆美国总统就职演说台/美国

图 5-15　美国宪法中心博物馆 360 度多媒体影院/美国

图 5-16　上海自然博物馆生命长河展区/中国

现在比较提倡的是主题类博物馆的展陈设计。基于这样的前提，研究提出沉浸体验式主题博物馆的展陈目标。而要达到这样的目标，必须对以往的展陈方式进行一定的反思，打破学科壁垒，尤其是淡化装饰装修的传统固有观念，强化观众的互动体验，提倡舞台布景、情景还原等方式；必须坚决摒弃重视装饰、造型以及不考虑展陈内容的多媒体堆砌的设计方式。而要把握好沉浸体验感的设计必须强调好的设计流程，在设计流程中，需要不同专业的良好的分工合作，从而完善成具有良好体验的沉浸体验式博物馆，如图 5-17 至图 5-20 所示。

图 5-17　上海电影博物馆的场景营造/中国

图 5-18　威海甲午海战纪念馆的半景、硅胶塑像、模型结合/中国

图5-19　上海自然博物馆非洲大草原展区/中国

图5-20　天津自然博物馆/中国

四、实践程序

本章节实践环节选取一个本地的战争纪念博物馆进行室内空间设计。共计160课时,分为9个任务步骤,结合每个步骤进行教学案例示范。以下选取笔者主持设计的一个集战争和名人纪念为一体的主题公园和某个战争纪念博物馆、青少年活动中心作为教学示范。

(一)任务一　前期调研(16课时)

前期调研主要针对博物馆展示内容进行梳理。具体而言,将该博物馆所需要展示和可能展示的内容进行整理、归档,并在此基础之上提炼出基本的展示内容框架。针对可能出现的大量的展示内容,以思维导图的形式对其进行逻辑串联,理清资料、信息的内部逻辑性,如图5-21所示。

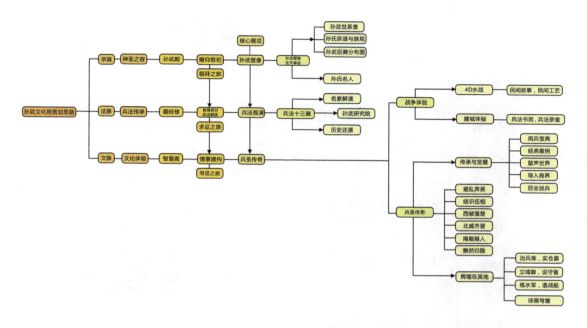

图 5-21 孙武文化苑策划思维导图

(二)任务二 展陈策划(16 课时)

以前期的资料调研为基础进行一定的分析,提炼出室内展陈的逻辑脉络和展陈主题。做一个受众分析的图表,对客户目标群体进行细分,针对每一个特定的目标群体对其具体需求做出分析和判断。另外综合前期策划和受众分析进行主题凝练,构思出策划的主题,如图 5-22 至图 5-24 所示。

图 5-22 某青少年活动中心的受众分析

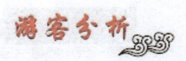

人群	特征		吸引点
	有利方面	不利方面	
未成年人 (0-18)	体力较好，喜新奇、有趣、动态的事物，引导其它群体的消费能力非常强	专注力差，对艰深的内容兴致较低，无法立即理解展览内容；消费力较低。	藏经楼——孙子兵法 智慧楼———兵圣传奇 智慧阁一层———战争体验互动——战车攻城、战船漫游等
成年人 (18-60)	体力好，专注力强，能长距离与持续性的游览，能理解深层次的展览内容；高消费能力，主要的精品贩卖对象	消费方向会随年龄段差异，产生不同的消费方向	孙武殿及配殿内容 藏经楼及配殿内容 智慧阁一层全部内容 智慧阁负一层——建城体验、孙子兵法三国、魔幻棋盘、两军对垒
老年人 (60以上)	喜好静态的参观，对深层的展览内容较能有共鸣，并产生兴趣	体力较差，无法进行长时间动态的参观，消费力视本身经济收入决定，本身消费较少，但愿意消费在其它群体	孙武殿——孙武瞻仰 藏经楼——孙子兵法 智慧阁一层全部内容 智慧阁负一层——建城体验、孙子兵法三国、魔幻棋盘、两军对垒
家庭式组合	独生子女在旅游消费的主导权具有一定的影响力：①独生子女的旅行意愿会是家庭旅游的考虑重点消费的重心 ②可连动与组织多个家庭的游览形成 ③可以影响双方父母与祖父母的意愿形成"1+6"的旅游客数。	旅游方式与管理存在一定的难度	藏经楼——孙子兵法 智慧楼———兵圣传奇 智慧阁负一层——战争体验互动——战车攻城、战船漫游等
港澳台与国际游客	港澳台游客在语言上无障碍 孙武文化在港澳台三地具有高度知名度 外国游客若有效突破语言文字障碍，能成为孙武文化苑值得开发的旅游群体之一。	港澳台游客对穹窿山的了解缺乏 外国游客在语言文字上有障碍	孙武殿及配殿内容 藏经楼及配殿内容 智慧阁一层全部内容 智慧阁负一层——建城体验、孙子兵法三国、魔幻棋盘、两军对垒

图 5-23 孙武文化苑的受众分析

图 5-24 某战役遗址纪念馆的受众分析与策划思路

(三)任务三 案例分析(16课时)

选取与此类战争主题类博物馆相关的国内外先进的博物馆室内展陈设计案例进行具体分析，分析可以进行借鉴的地方和那些需要规避的问题。制作一个汇报 PPT，里面包含案例的基本信息，如项目位置、项目面积、设计公司、设计和建造时间、展示内容、展示手法、平立面图、现场效果、空间评价等内容，如图 5-25 所示。

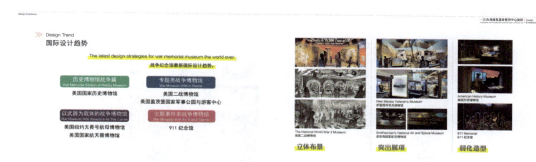

图 5-25　某战役遗址纪念馆

(四)任务四　概念提取(8 课时)

概念提取阶段需要仔细分析和解读项目所具备的信息,发现场地所存在的实际问题,从而提出具体的解决方案。比如本案例属于特殊的战役,要提炼出"和平"的主题,并从设计的意向上进行明确,确定一些意向性图片作为图示参考,如图 5-26 所示。

图 5-26　某战役遗址纪念馆

(五)任务五　设计分析(8 课时)

设计分析主要是针对项目所需要解决的问题提出相应的设计策略。例如本案例中,设计策略上基于场地存在海岛作业的难度提倡可持续设计,尊重和选用场地材料,减少运输压力,如图 5-27 至图 5-29 所示。

图 5-27　某战役遗址纪念馆

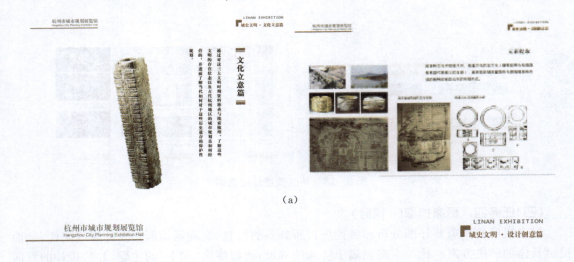

(a)

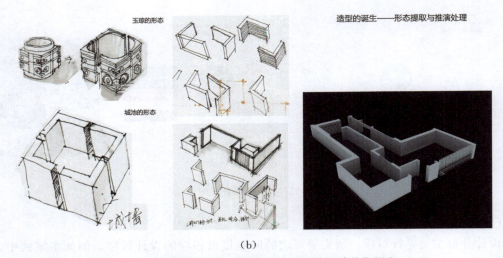

(b)

图 5-28　杭州规划馆临安城遗址展区展陈设计前期概念

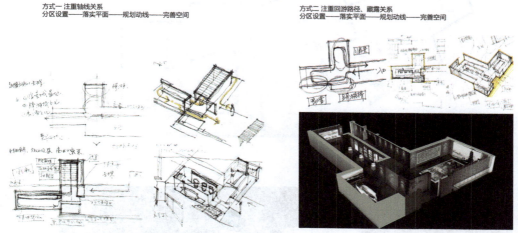

图 5-29　杭州规划馆临安城遗址展区展陈设计前期草图

(六)任务六　空间规划(32课时)

空间规划主要将前期策划的内容和展陈脉络对位落实到博物馆室内空间中去。以空间语言反映展陈内容,主要包含空间划分和流线组织

在进行空间规划的时候基本需要划分出三种类型的空间,即 A 展用空间:用来展示陈列实物的场所,是造型的主体部分,以突出展品为主,让观者全方位感受博物馆所要展现的内容;B 公共空间:包括通道、走廊、休息场所等,是供公众使用和活动的区域,最主要的还是交通走道空间的组织与变化;C 辅助空间:是除去公共空间和展用空间之外的空间,主要有设备空间、储藏空间等。

接下来要对空间中不同要求的区域或不同内容的区域的具体面积和位置进行分配,一般来说要考虑到的因素主要是空间之间的比例关系。以空间环境的角度来确定大的框架,平面空间的组合规划应根据展示内容的分类划分出各具陈列功能的场地范围。利用图示分析的方法,按展出的内容的密度、载重等考虑总体平面空间面积的合理分配位置和确定具体的展示尺度。同时,以此来确定观众流线、客流量、消防通道等因素。这些平面空间要素的组织划分应以平面图的形式表现出来。场地立面图的组织规划,应在平面图的基础上考虑展线的分配,从而确定具体的展示形式。空间的过渡和组织处理主要是在平面立面的基础上,结合展示内容和场地条件来确定采光和整体空间环境的施工形式和材料等。

人群参观流线尽可能不重复,使观众在流动中,完整地、经济地介入展示活动。而且流线应呈现明确的顺序性和短而便捷的构成形式,让参观者既能按顺序看遍整个展览,又可把视点集中于视觉中心展。所以良好的交通流线是观众便捷快速接收产品信息的有力保证。展示动线的确定可依据三个方面:一是展示内容;二是建筑空间的局限;三是空间经营与场地切块、动线与平面计划的拟定等。合理的交通走道是展示空间成功的有力保证。图 5-30 所示为某战役遗址纪念馆平面流线及空间架构。

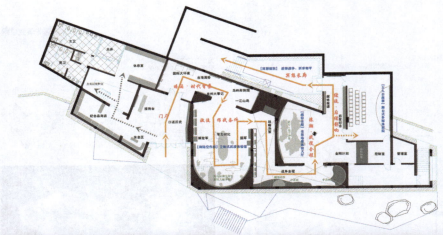

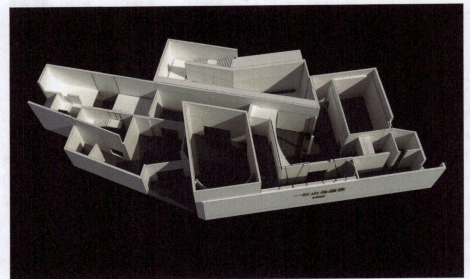

图 5-30　某战役遗址纪念馆平面流线及空间架构

(七)任务七　空间立面(16课时)

空间立面主要是根据展陈内容落实到博物馆空间的对位设计(见图 5-31、图 5-32)。虽然在方案阶段并不需要做到每一个图片和每一项内容都准确无误地反映出来,但是需要对基本的展陈标题都反映到。运用 AI 或 Coredraw 矢量软件对每一个立面都进行对位绘制,注意内容、图片需要根据平面图中的策划脉络进行准确的对位,同时在这一阶段对整个空间的材质、比例、尺度、造型进行深入的考虑。这一阶段属于设计的深入阶段,对后期空间效果的营造具有决定性的意义。

图 5-31　某战役遗址纪念馆立面设计

图 5-32　某战役遗址纪念馆立面设计

（八）任务八　空间设计（32 课时）

平面规划和立面编排完成之后，需要将三维空间建立起来，在进行三维空间设计的时候，一些二维规划过程中没有考虑到的问题也可以在这一阶段重新进行安排和考虑。空间设计需要注意结合场地的实际条件，利用现有要素进行空间规划，具体反映在三维空间模型的制作上。

空间设计阶段花费大量时间的是利用三维建模的模型，结合上阶段制作的展陈立面进行对位贴图，同时调整整个空间的材质、灯光等各种细节因素。如果出现设计上不准确和不协调的地方，可能还需要返回上个阶段对空间立面进行重新调整，在这些都完成之后则进行模型空间的透视图渲染。如图 5-33 所示为某战役遗址纪念馆透视效果图。

图 5-33 某战役遗址纪念馆透视效果

(九)任务九 设计表达(16 课时)

设计表达主要对前期设计思路和想法进行视觉化表现。主要体现为设计文本的编排和制作,文本制作成 A3 大小,另外制作 A0 大小的展板。在可能的情况之下可以渲染动画漫游,并制作多媒体汇报片,如图 5-34 所示。

(a)

(b)

图 5-34 儿童科技馆展陈设计展板/中国

五、课程作业

课题——某战争纪念馆设计

1. 课程目标与要求

通过本课题学习,了解展示设计的前期工作及展示的总体设计,巩固基本知识,掌握展示设计的过程与表达,提高快速绘图能力,能独立完成展示设计任务,提高自己的设计能力、动手能力。

2. 课程内容设计

内容:根据城市所在地,选取一个面积适当的战争纪念馆进行改造设计。

要求:

(1)结合所学知识和调研情况,完成陈列馆展厅设计,展示内容自定。

(2)设计中需体现重点展示区与普通展示区,且有陈列实物的展台和陈列图片及文字的展板和展架。

(3)总体规划,合理布局,风格统一(统一中有变化),注重色彩的整体变化。

(4)人流路线设计清晰,符合客观需求,做到不漏看、不重复。

(5)注重光线的烘托效果,配合不同的照明灯具。

(6)需明确主入口、出口的位置,对主入口处加以设计,体现引导作用等。

(7)展具的材料选用需符合展厅要求,且经久耐用。

3. 课程成果展示

(1)A3设计报告书:设计项目工作进度计划;设计小组任务分工示意图;方案设计过程草图与效果图表达;施工图纸一套。

(2)课程所有文件电子文档:总文件夹以姓名的汉语拼音及学号命名,各项内容分别设置子文件夹(包括设计报告书、效果图、模型照片等),完成后统一上交。

4. 评估形式

评分将根据课堂个人陈述(20%)、方案设计(40%)以及施工图绘制(20%)和小测验(20%)。

5. 教材与主要参考书

《现代展示设计教程》	朱淳	编著	中国美术学院出版社
《展示设计》	赵云川	编著	中国轻工业出版社
《展示设计》	黄江鸣	编著	广西美术出版社
《展示策划与设计》	丁俊,宋晓真	编著	中国轻工业出版社

6. 课程工作进度计划

周次	课时	教学安排
第一周	4×4=16	前期设计调研,针对展馆概况进行前期的总体构思与设计,确定设计方向和目标。
第二周	4×4=16	方案整体制作。确定场地平面尺寸,总平面方案的设计和制作,根据空间的使用性质合理划分空间,确定空间流线,注意展具的搭配使用。
第三周	4×4=16	方案制作。顶棚、立面等具体的方案。
第四周	4×4=16	针对重点部位制作效果图,着手施工图纸。
第五周	4×4=16	整体版面统筹,设计说明,设计汇报。

参考文献

[1] http://www.newseum.org/
[2] http://www.raany.com/
[3] http://www.freedomforum.org/templates/document.asp?documentID=3607
[4] http://www.economist.com/news/special-report/21591710-china-building-thousands-new-museums-how-will-it-fill-them-mad-about-museums
[5] Museum Exhibition Planning and Design. Elizabeth Bogle. Lanham, MD: AltaMira Press, 2013.9
[6] Creating Exhibitions: Collaboration in the Planning, Development, and Design of Innovative Experiences. Polly McKenna-Cress, Janet Kamien, New York: John Wiley & Sons, Inc, 2013.9
[7] (英)德尼.英国展示设计高级教程[M].韩薇,译.上海:上海人民美术出版社,2007.

图片索引

书中其他未表明出处的图片均为作者本人拍摄或制作。
图1-5 莫斯科的犹太人博物馆/俄国/图片来源:莫斯科犹太人博物馆官网
图1-12 约克郡巧克力博物馆/英国/图片来源:顾勤芳提供
图2-1 某历史博物馆策展大纲/策划设计:丁俊、肖丽
图2-2 杭州规划馆 临安城遗址展区策展大纲/策划设计:丁俊
图2-3 吴中区青少年活动中心主题策划/策划设计:丁俊、籍健
图2-4 某规划馆展陈大纲/展陈设计:丁俊
图2-5 新昌博物馆策划深化/策划设计:上海星湖展览有限公司
图3-3 美国二战博物馆/Gallagher & Associates/美国/图片来源:Gallagher & Associates官网
图3-6 博物馆展陈设计理念分析/图片来源:上海星湖展览有限公司提供
图3-7 911博物馆/美国/图片来源:911纪念博物馆官网
图3-8 911博物馆/美国/图片来源:911纪念博物馆官网
图3-12 美国一战博物馆的士兵展示/美国/图片来源:美国一战博物馆官网
图3-20 菲尔德博物馆 光生物展区/美国/图片来源:Pinterest
图3-37 莫斯科的犹太人博物馆/美国/图片来源:莫斯科犹太人博物馆官网
图3-39 犹他州自然历史博物馆/美国/图片来源:Pinterest
图3-43 西雅图音乐体验博物馆(EMP)吉他旋风展项/美国/图片来源:张亚萍提供
图3-47 犹他州自然历史博物馆/美国/图片来源:犹他州自然历史博物馆官网
图3-49 澳洲土著人博物馆/澳大利亚/图片来源:李盈盈提供
图3-53 约克郡巧克力博物馆互动展项/英国/图片来源:顾勤芳提供
图4-1 博物馆组织的相关设计大赛/中国/图片来源:视觉中国官网
图4-2 菲尔德博物馆 手机应用/美国/图片来源:菲尔德博物馆官网
图4-3 菲尔德博物馆(the filed museum)咖啡区/美国/图片来源:菲尔德博物馆官网
图4-9 纽约美国国家自然历史博物馆/美国/图片来源:Pinterest
图4-10 美国国家海军陆战队博物馆/美国/图片来源:Pinterest
图5-1 911纪念馆及遗址公园/Michael Arad/美国/图片来源:911纪念博物馆官网
图5-2 911纪念馆/THINC/美国图片来源:911纪念博物馆官网
图5-3 911纪念博物馆/THINC/美国图片来源:911纪念博物馆官网

学习网站

http://icom.museum/国际博物馆委员会
http://name-aam.org/国家博物馆展陈协会
http://www.aam-us.org/美国博物馆联盟
http://www.aaslh.org/州和地方协会的历史博物馆
http://www.westmuse.org/西部博物馆协会
http://www.museumsnewengland.org/新英格兰博物馆协会
http://www.museumsassociation.org/home/英国博物馆协会
http://www.museumsaustralia.org.au/site/澳洲博物馆协会
http://www.museums.ca/加拿大博物馆协会
http://www.europeanmuseumforum.eu/欧洲博物馆论坛
http://www.semcdirect.net/博物馆从业人员联盟
https://museumstoreassociation.org/博物馆商店协会
http://www.chinamuseum.org.cn/index.html 中国博物馆协会
https://www.j-muse.or.jp/index.php/日本博物馆协会
http://www.museummarket.com/博物馆市场
http://agriculturalmuseums.org/国际农业博物馆协会
http://www.spnhc.org/自然历史藏品保护协会
http://www.icam-web.org/国际建筑博物馆协会
http://www.iatm.museum/国际交通与交流博物馆协会
https://www.aza.org/动物园与水族馆协会
http://www.childrensmuseums.org/儿童博物馆协会
http://www.astc.org/科技中心协会
http://www.calacademy.org/加州科学学会
https://publicgardens.org/美国公共公园协会
http://www.officialmuseumdirectory.com/suppliers/exhibits/exhibit-design-firms.html/代表性展陈设计公司

附录 1

历届博物馆日主题

1992年主题是:"博物馆与环境"(Museums and Environment)

1993年主题是:"博物馆与土著人"(Museums and Indigenous Peoples)

1994年主题是:"走进博物馆幕后"(Behind the Scenes in Museums)

1995年主题是:"反应与责任"(Response and responsibility)

1996年主题是:"收集今天 为了明天"(Collecting today for tomorrow)

1997年主题是:"与文物的非法贩运和交易行为进行斗争"(The fight against illicit traffic of cultural property)

1998年主题是:"与文物的非法贩运和交易行为作斗争"

1999年主题是:"发现的快乐"(Pleasures of discovery)

2000年主题是:"致力于社会和平与和睦的博物馆"(Museums for Peace and Harmony in Society)

2001年主题是:"博物馆与建设社区"(Museums:building community)

2002年主题是:"博物馆与全球化"(Museums and Globalisation)

2003年主题是:"博物馆与朋友"(Museums and Friends)

2004年主题是:"博物馆与无形遗产"

2005年主题是:"博物馆——沟通文化的桥梁"

2006年主题是:"博物馆与青少年(Museums and Young)"

2007年主题是:"博物馆和共同遗产(Museums and Universal Heritage)"

2008年主题是:"博物馆:促进社会变化的力量(Museums as agents of social change and development)"

2009年主题是:"博物馆与旅游(Museum and tourism)"

2010年主题是:"博物馆致力于社会和谐(Museums For Social Harmony)"

2011年主题是:"博物馆与记忆(Museums and Memory)"

2012年主题是:"处于变化世界中的博物馆:新挑战,新启示(Museums in a Changing World. New challenges,New inspirations)"

2013年主题是:

"博物馆(记忆+创造力)=社会变革(Museums(memory+creativity)=socialchange)"

2014年主题是:"博物馆藏品架起沟通的桥梁柱"

2015年主题是:"博物馆致力于社会的可持续发展"(Museums for a sustainable society)

附录 2

中国首批 83 家国家一级博物馆名单如下（按行政区划排列）：

中央部门：故宫博物院、中国科学技术馆、中国地质博物馆、中国人民革命军事博物馆、中国航空博物馆、北京鲁迅博物馆。

北京市：首都博物馆、北京自然博物馆、中国人民抗日战争纪念馆、北京天文馆、周口店猿人遗址博物馆。

天津市：天津博物馆、天津自然博物馆、周恩来邓颖超纪念馆。

河北省：河北省博物馆、西柏坡纪念馆。

山西省：山西博物院、中国煤炭博物馆、八路军太行纪念馆。

内蒙古自治区：内蒙古博物院。

辽宁省：辽宁省博物馆、沈阳"九·一八"历史博物馆、抗美援朝纪念馆、旅顺博物馆。

吉林省：吉林省自然博物馆。

黑龙江省：东北烈士纪念馆、大庆铁人王进喜纪念馆、爱辉历史陈列馆。

上海市：上海博物馆、上海鲁迅纪念馆、中共一大会址纪念馆。

江苏省：南京博物院、侵华日军南京大屠杀遇难同胞纪念馆、南通博物苑、苏州博物馆、扬州博物馆。

浙江省：浙江省博物馆。

安徽省：安徽省博物馆。

福建省：福建博物院、古田会议纪念馆、泉州海外交通史博物馆、厦门华侨博物院、中国闽台缘博物馆。

江西省：井冈山革命博物馆、江西省博物馆、瑞金中央革命根据地纪念馆、南昌八一起义纪念馆。

山东省：中国海军博物馆、青岛市博物馆、中国甲午战争博物馆、青州市博物馆。

河南省：河南博物院、郑州博物馆、洛阳博物馆、南阳汉画馆。

湖北省：湖北省博物馆、荆州博物馆、武汉市博物馆。

湖南省：湖南省博物馆、韶山毛泽东故居纪念馆、刘少奇故居纪念馆。

广东省：广东省博物馆、西汉南越王博物馆、孙中山故居纪念馆。

广西壮族自治区：广西壮族自治区博物馆。

重庆市：重庆中国三峡博物馆。

四川省：自贡恐龙博物馆、广汉三星堆博物馆、成都武侯祠博物馆、邓小平故居陈列馆、成都杜甫草堂博物馆。

贵州省：遵义会议纪念馆。

云南省：云南省博物馆、云南民族博物馆。

西藏自治区：西藏博物馆。

陕西省:陕西历史博物馆、秦始皇兵马俑博物馆、延安革命纪念馆、汉阳陵博物馆、西安碑林博物馆、西安半坡博物馆。

宁夏回族自治区:固原博物馆。

新疆维吾尔自治区:新疆维吾尔自治区博物馆。

后 记

一直都有编写一本主题博物馆展陈设计的想法,这不仅基于自身专业教学的需要,也是针对自身从事博物馆展陈设计的现实,同时也具有在此基础之上进行主题教学和主题博物馆研究的想法。这样于教学、科研、实践都是一种系统化、理论化的过程。这也是这本教材写作的初衷。

从接到撰写任务开始,就顶着巨大的压力,在写作期间,利用每天的零碎时间进行写作,终于能够在规定时间交稿。在此过程之中得到了西安交通大学出版社编辑们的热情帮助,尤其是祝翠华编辑的指导与关心,在此表示衷心感谢。

真诚地希望这本书能够对教学和实践起到一点参考和补充的作用,这样才不枉交稿前每天殚精竭虑和辛勤劳动的付出。在写作过程之中,由于自身学术有限、眼光局促、精力所限,很多地方肯定也不一定尽如人意,希望广大专家读者给予批评指正,在此表示感谢。

丁俊于苏州小石湖畔

2016年2月

艺术设计类专业"十三五"实践创新系列规划教材

> 基础类
  - （1）设计概论
  - （2）设计简史
  - （3）设计素描
  - （4）设计色彩
  - （5）设计速写
  - （6）设计构成
  - （7）摄影（摄像）基础
  - （8）创意思维训练
  - （9）设计市场营销

> 设计类
  - （1）展示设计
  - （2）产品设计
  - （3）家具设计
  - （4）照明设计
  - （5）陈设设计
  - （6）室内设计
  - （7）景观设计
  - （8）动画设计
  - （9）标志设计
  - （10）图案设计
  - （11）字体设计
  - （12）包装设计
  - （13）立体构成
  - （14）广告设计
  - （15）版式设计
  - （16）招贴设计
  - （17）书籍设计
  - （18）CI 设计
  - （19）数字印前设计

> 技法类
  - （1）室内效果图手绘表现技法
  - （2）设计制图
  - （3）产品设计手绘表现技法
  - （4）网页制作
  - （5）多媒体技术与应用
  - （6）广告设计创意表现
  - （7）产品设计材料与工艺
  - （8）服装设计材料与工艺
  - （9）POP 手绘表现技法
  - （10）包装形态设计
  - （11）商业插画表现技法

> 技能类
  - （1）计算机辅助平面设计
  - （2）AutoCAD 2012 中文版室内设计
  - （3）Photoshop CS5 案例教程
  - （4）Illustrator CS5 案例教程
  - （5）服装设计 CAD
  - （6）3D 效果图绘制
  - （7）计算机辅助设计（Coreldraw）
  - （8）室内设计工程概预算
  - （9）模型制作
  - （10）Flash 动画设计制作
  - （11）动画剪辑原画设计与制作
  - （12）动画制作场景设计与制作
  - （13）计算机辅助设计 illustrator
  - （14）计算机辅助设计 indesign
  - （15）网页设计

欢迎各位老师联系投稿！

联系人：祝翠华
手机：13572026447　办公电话：029－82665375
电子邮件：zhu_cuihua@163.com　37209887@qq.com
QQ：37209887（加为好友时请注明"教材编写"等字样）

图书在版编目(CIP)数据

主题博物馆展陈设计/丁俊编著. —西安:西安交通大学出版社,2015.12(2022.1重印)
ISBN 978-7-5605-8118-7

Ⅰ.①主… Ⅱ.①丁… Ⅲ.①博物馆-陈列设计 Ⅳ.①G265

中国版本图书馆 CIP 数据核字(2015)第 288556 号

书　　名	主题博物馆展陈设计
编　著	丁　俊
责任编辑	李逢国
出版发行	西安交通大学出版社 (西安市兴庆南路1号　邮政编码 710048)
网　　址	http://www.xjtupress.com
电　　话	(029)82668357　82667874(发行中心) (029)82668315(总编办)
传　　真	(029)82668280
印　　刷	西安五星印刷有限公司
开　　本	787mm×1092mm　1/16　印张 7　字数 164 千字
版次印次	2016 年 4 月第 1 版　2022 年 1 月第 2 次印刷
书　　号	ISBN 978-7-5605-8118-7
定　　价	38.80 元

读者购书、书店添货,如发现印装质量问题,请与本社发行中心联系、调换。
订购热线:(029)82665248　(029)82665249
投稿热线:(029)82668133
读者信箱:xj_rwjg@126.com

版权所有　侵权必究